신용카드와 성형수술의 달콤한 거짓말

유혹하는 플라스틱

신용카드와 성형수술의 달콤한 거짓말

유혹하는 플라스틱

로리 에시그(Laurie Essig) 지음 | 이재영 옮김

이른아침

"네게 한 마디만 하지.
딱 한 마디만.
듣고 있니?
플라스틱이야!"

- 영화 〈졸업〉 중에서 -

들어가는 글

/

2008년 10월, 영국 런던에서 아주 특별한 강연을 할 기회가 있었다. '모든 것의 개선(改善)'이라는 대주제를 가지고 런던대학교가 진행한 일련의 대담 프로그램에 강사로 초청된 것이었다. 나는 '건강과 인류사회'라는 소주제로 강연할 계획이었는데, 그 장소가 다름 아닌 대영박물관이었다.

대영박물관은, 적어도 내게는, 대단한 곳이었다. 그곳은 우선 해가 지지 않는 대영제국의 위용을 확인할 수 있는 수많은 유물들이 전시된 곳이다. 또한 칼 마르크스가 자본주의의 작동 방식을 규명하기 위해 열람실에 앉아 그의 인생 가운데 수년을 보낸 곳이기도 하다. 나 역시 마르크스에게 부끄럽지 않은 강연을 하기 위해 몇 달을 준비했다. 그리고 마침내는 완벽한 영상과 파워포인트, 매력적인 제목까지 만들어냈다. '성형수술과 포르노그래피'라는 내 강연의 주제는 지극히 자극적이었고, 따라서 충분히 청중들을 끌어 모을 만했다.

그러나 막상 강연을 위해 대영박물관의 위풍당당한 계단을 걸어 올라가면서 나는 예기치 않은 혼란에 빠지고 말았다. 그리스풍의 거대한 기둥 그림자가 머리 위를 스쳐 지나갈 때, 나는 나 자신이 거기에 있을 자격을 전혀 갖추지 못했다는 느낌을 받았다. 마르크스는 기존의 철학자들이 세계를 단지 '해석'하기만 했다고 지적했다. 요는 세계를 바꾸어야 한다는 것이다. 나는 급격히 초조해졌다. 250여 년의 고고한 역사와 700만 점 이상의 소장품을 자랑하는 이 저명한 장소에서 곧 펼쳐질 나의 강연이 너무나 초라하고 시시하게만 느껴졌다. 그렇게 나는 느닷없는 공황에 빠져들었다.

사실 그 당시 런던 역시도 공황 상태에 빠져 있었다. BBC 방송을 켤 때마다 해설가들은 히스테릭한 목소리로 '신용 경색'에 대해 떠들어댔다. 마치 핵으로 인한 인류의 멸망 소식을 전하는 것 같았다. 은행들이 무너지고 있었으며 사람들은 큰 혼란에 빠져 있었다. 안락한 은퇴 생활자의 꿈은 하룻밤 사이에 사라지고 있었다.

그날 저녁, 연단에 선 나는 이렇게 선언했다.

"저는 오늘밤, 예고된 것처럼 포르노그래피와 성형수술에 대해서는 논하지 않을 것입니다."

그렇게 말하는 내 음성도 히스테릭하기 그지없었다. 도색적인 영상물을 기대하던 몇몇 청중들의 낮은 신음소리가 새어나왔다. 나는 초조함을 가라앉히고 목소리를 가다듬은 다음 다시 말했다.

"대신, 성형수술과 미국 경제의 붕괴 사이에 어떤 연관관계가 있는지 말씀드리겠습니다."

이번에는 낄낄거리는 웃음소리가 들렸다. 더 큰 웃음도 있었던 것 같다. 황당했으리라. 유방 성형 같은 사소한 일이 미국 경제의 붕괴, 이로 인한 영국과 세계 각국의 신용 경색을 어떻게 설명할 수 있단 말인가?

하지만 이에 대한 대답은 의외로 흥미롭다. 이것은 탐욕과 정치, 그리고 욕망에 대한 이야기기다. 그리고 궁극적으로는 플라스틱(plastic)에 대한 이야기다.

여러분은 영화 〈졸업〉에서 맥과이어 씨(월터 브룩)가 젊은 벤 브래독(더스틴 호프먼)에게 다음과 같이 충고하던 장면을 기억하는가?

"네게 한 마디만 하지. 딱 한 마디만. 듣고 있니? (…) 플라스틱이야!"

나는 맥과이어 씨가 옳았다고 생각한다. '플라스틱'은 우리가 귀담아 들을 만한 가장 중요한 단어 가운데 하나다. 플라스틱은 결정적인 존재다. 플라스틱을 이해하지 않고서는 누구도 미국을, 따라서 오늘날의 세계를 이해할 수 없다.

플라스틱 이야기를 풀어가는 건 사실 쉬운 작업이 아니다. 역사적인 시간을 따라 한 방향으로 이어지는 게 아니라, 이리저리 왔다 갔다 하며 과거와 현재 사이를 넘나드는 이야기인 때문이다. 더불어 미래에 등장할 것들에 대한 몇 가지 전망까지를 포함하고 있는 때문이다.

이처럼 복잡한 주제를 풀어나가기 위해, 내 경험담 한 가지를 먼저 꺼내놓고자 한다.

10년 전 어느 날, 나는 친구 앨리와 브루클린의 프로스펙트 공원에서 조깅을 하고 있었다. 오랫동안 함께 살아온 파트너와 막 헤어진 참이던 앨리는 공원을 달리다 말고 갑자기 이렇게 말했다.

"가슴 수술을 받을까 해."

나는 우뚝 멈춰 섰다.

"뭐라고?"

숨이 찼다. 하지만 묻지 않을 수 없었다.

"도대체 가슴에 무슨 짓을 하려는 거야?"

"너무 작아서."

그녀의 설명이었다.

"가슴이 조금 더 커진다면, 혼자 살아갈 걱정을 이렇게 하지 않아도 될 것 같아."

충격적이었다. 고등교육을 받은 전문직 직장인이며 페미니스트인, 그리고 밝히자면 레즈비언인 내 친구 앨리는 어떻게 더 큰 유방이 자신의 '웰빙감'을 높여 주리라 믿게 된 것일까?

작년에도 또 다른 친구 샘과 이 같이 비논리적인 대화를 나눈 적이 있었다. 다른 점이 있다면 그녀를 성형수술로 몰고 간 이유가 애정이나 불안감이 아니라 재정적인 문제와 관련되어 있다는 사실 정도였다.

그날 나는 시골마을인 뉴잉글랜드에 있는 그녀의 집 안락한 주방에 앉아 있었다. 일종의 현대식 오두막으로 개울 근처의 숲속에 자리한 집이었고, 샘은 나이 마흔을 앞둔 아름다운 여성이었다. 그녀의 딸인 리는 시종 엄마의 날씬한 허리에 매달려 있었는데, 금발에 큰 눈을 가졌으며 엄마를 닮아 똑똑한 아이였다. 샘은 그즈음 늦은 나이에 막 대학 공부를 마친 참이었다. 두 아이의 엄마인 그녀는 명

문대에서 장학금을 받았고, 그럭저럭 가계를 꾸려가며 남편의 사업까지 거들고 있었다. 우리는 그녀가 얼마나 힘들게 자신의 목표를 이루고야 말았는지에 대해 이야기를 나누었고, 나는 그녀가 만족감 비슷한 것을 느끼고 있을 것이라고 확신했다. 왜 그렇지 않겠는가?

그러나 앨리와 마찬가지로 샘은 행복하지 않았다. 결혼 생활 때문이 아니었다. 아이들 때문도 아니었다. 그녀에게도 문제는 유방의 크기였다.

"너무 작아."

그녀는 한숨을 내쉬었다. 그녀는 살아오는 내내 더 큰 가슴을 원했으며, 많은 것을 희생하는 속에 적지 않은 것을 성취했으니 이제는 진정으로 자신이 원하던 것을 가질 자격이 생기지 않았느냐고 내게 되물었다. 하지만 더 큰 유방을 가지는 일은 샘으로서는 내리기 어려운 결정이었다. 대다수의 미국인들처럼 그녀의 가족은 저축이 없었고, 매년 순수입보다 더 많은 지출을 하고 있었다. 말하자면 주택담보대출 같은 '우량'부채뿐 아니라 플라스틱 머니(신용카드) 같은 악성부채도 갖고 있었던 것이다. 유방 확대를 위한 수술비는 약 8,000달러에 달했다. 그녀가 쉽사리 감당할 수 있는 돈이 아니었다. 하지만 이러한 현실적 제약들을 샘은 이겨냈다. 샘에게 별 문제가 되지 못했다. 결국은 수술비 지불 방식과 기타 옵션들을 구체적으로 알아보기 위해 성형외과에 찾아간 것이다.

행복에 이르고자 성형수술(plastic surgery)을 선택하는 미국인들이 점점 늘고 있다. 21세기의 첫 10년. 최악에 가까운 테러와의 전쟁, 전 세계를 마비시킨 경제 붕괴에도 불구하고 미국인들은 매년 1,000만 건 이상의 외과 및 비외과적 미용 성형수술을 받았다. (외과적 수술이 란 지방흡입이나 얼굴 주름 제거 등을, 비외과적 수술이란 보톡스 주사나 피부 의 레이저 시술 등을 말한다.)

미국 미용성형외과학회에 따르면 지난 10년 동안 총 미용 성형수 술 건수는 465%나 증가했다. 해마다 미국인들이 미용 성형수술에 지출하는 금액은 거의 125억 달러에 이른다. 전 세계 국가들이 연간 기초교육에 지출하는 금액의 두 배가 넘는 액수다. 다시 말해, 그것 은 대단히 큰 돈이다.

이제는 사람들이 왜 몸에 칼을 대려고 하는지가 의문이 아니다. 오히려 왜 하려고 하지 않는지가 의문이다. 성형수술은 갈수록 바람 직하고 권장할 만한 일로 여겨지고 있다. 2008년의 한 조사는 미국 인들이 10년 전에 비해 성형수술에 대해 더 긍정적으로 생각하고 있 음을 보여준다. 10년 전 대다수의 미국인들에게 성형수술은 불필요한, 하나의 사치였다. 하지만 이제는 노화와 이혼과 성욕 상실에 이르기까지, 거의 모든 문제들에 대한 유일한 '해결책'으로 성형수술이 떠올랐다.

성형수술에 대한 대중들의 관점 변화는 당연히 여러 요인들이 복합적으로 작용한 결과다. 그 중에서도 가장 중요한 요소가 바로 문화와 경제라고 나는 생각한다. 성형에 대한 우리의 욕망은, 우리 모두가 영향 받고 있는 우리의 문화와 경제에서 발생한 어떤 대대적인 변화의 결과물이다. 과연 어떤 문화와 경제의 변화가 이런 플라스틱 붐을 몰고 왔는지를, 이 책은 구체적으로 밝히고자 한다. 이것은 말하자면 우리가 어떻게 플라스틱의 노예가 되었는지, 이 플라스틱 공화국이 결국 우리를 어디로 끌고 가게 될 것인지에 대한 고찰이다.

차 례

제 3 장

아메리칸 드림과 플라스틱 · 75

제1장

욕망과 약속

오늘날 거의 모든 미국인들은 플라스틱이 보장하는 멋진 약속들에 눈 먼 노예 신세가 되었다. 수많은 미국인들이 이미 성형수술을 받았거나 고려하고 있다는 의미만은 아니다. 플라스틱이 우리에게 제시하는 약속들은 한두 가지가 아니며, 이 광범위하고 촘촘한 장밋빛 약속들의 그물에서 자유로울 수 있는 개인은 거의 없다는 점이 진정한 문제다.

플라스틱이 제시하는 수많은 약속들의 세세한 항목들은 수백 가지가 넘는데, 이를 하나로 뭉뚱그린다면 바로 '완벽함(perfection)에 대한 약속'이다.

플라스틱의 복음

플라스틱은 우리에게 완벽한 미래를 약속한다. 플라스틱만 있으면 우리는 완벽한 몸매, 완벽한 외모를 손쉽게 얻을 수 있다. 완벽한 외모는 완벽한 배우자와 완벽한 직장을 보장한다고 알려져 있다. 이는 완벽한 집과 자동차와 살림살이를 보장하며, 완벽한 자녀 양육을 보장하기도 한다. 플라스틱만으로 완벽한 미래가 약속되고 보장되는 것이다. 이 모두를 약속하는 것이 플라스틱이고 이를 가능케 하는 것 또한 플라스틱이니 가히 플라스틱의 제국이요 신흥종교의 복음과 다를 바가 전혀 없는 약속이다.

'완벽'이란 말이 광고에 처음 등장한 것은 1920년대였다. 이는 사람들로 하여금 어떤 물건의 높은 가격을 간과하도록 만드는 일종의 포장이자 상술로 등장한 것이었다. 하지만 이때의 '완벽에 대한 약속'은 모든 사람들을 대상으로 한 것은 아니었다. 그 물건에 해당하는 가격을 지금 당장 지불할 준비가 된 사람들, 곧 소수의 부자들에게만 해당되는 약속이었다. 가난한 사람들은 그 약속이 아무리 완벽을 주장한다 해도 이에 귀를 기울일 여유가 없었다.

1980년대 들어 '완벽에 대한 약속'이 다시 등장했다. 이번에는 누구나 그 약속을 믿고 베팅을 할 수 있게 되었다는 점에서 예전과는 상황이 달랐다. 물론 가난한 사람들은 여전히 있었다. 아니 더 많아졌다. 부는 미국인의 상위 20%에 집중되어 있었다. 하지만 나머지 80%의 가난한 사람들에게도 약속을 믿고 구원을 받을 번호표가 주어졌다. 그들에게도 플라스틱 머니(plastic money, 신용카드)가 주어진 것이다. 이제 가난한 이들은 약속된 미래, 그 완벽한 미래를 얻기 위해 빚을 조금 떠안기만 하면 되었다. 이로써 미국인들이 더 완벽한 미래를 위해 빚을 질 가능성이 매우 높아졌다. 하지만 '경제란 나날이 성장하는 것이므로 빚을 두려워할 필요가 전혀 없다.'는 복음도 함께 전해졌다.

신앙심 깊은 미국인들은 플라스틱이 약속하는 완벽한 미래에 베팅하기를 주저하지 않았다. 그러나 그 결과는 탐욕과 욕망이 빚어낸 엄청난 퍼펙트 스톰(perfect storm)이었다. 사람들은 집과 직장을 잃고 거리로 내몰렸다. 미국인들이 만들어낸 이 폭풍우는 미국에만 그치지 않고 삽시간에 전 세계로 퍼져 나갔다. 세계화라는 이름의 변화를 통해 다른 나라들 또한 이미 플라스틱 공화국의 일부가 되었기 때문이다.

플라스틱이 만들어낸 폭풍우의 여파는 지금도 계속되고 있다. 정말로 이해하기 어려운 일 또한 여전히 계속되고 있는데, 대다수 미국인과 수많은 세계인들에게 공포와 고통을 안겨준 플라스틱이 여전히 건재하다는 사실이 그것이다. 역설적으로 이는 우리들 대다수가 여전히 플라스틱의 노예임을 말해주고 있다.

우리는 우리가 플라스틱을 이용한다고 믿고 있다. 그러나 실상은 그 반대다. 플라스틱을 주무르는 소수의 사람들이 우리를 노예로 부리고 있다는 것이 현실이다. 플라스틱은 우리들 대부분이 갈수록 가난해지는 반면 소수의 사람들은 갈수록 부유해진다는 사실을 은폐하고 있다.

퍼펙트 스톰의 시작

세계가 변하기 시작한 건 1978년부터다. 돌아보면 내 개인의 세계도 이때부터 함께 변하기 시작했다. 세계와 내가 함께 변하기 시작한 것은 결코 우연이 아니다. 우리를 바꿔놓은 것은 플라스틱이었다. 플라스틱 머니와 플라스틱 자아들 말이다.

1978년에 나는 열세 살이었다. 40대가 된 지금 돌아보면 역사적, 경제적, 제도적, 그리고 개인적 영향력들이 어쩌면 그렇게 '미리 결정되어 있었던 것처럼' 동시에 나타났는지 참으로 놀라울 따름이다.

어쩌면 우리는 플라스틱이 되는 길 외에는 아무런 선택을 할 수 없었던 것인지도 모른다.

사실 거기에는 더 높은 차원의 어떤 영향력이 작용하고 있을 것이다. 플라스틱으로 만들어진, 심각하게 왜곡된 유머감각을 지닌 어떤 힘이 만물을 움직이고 있다. 오늘날에 보면 확실히 그렇다.

1978년 4월, TV 드라마 〈댈러스〉가 첫 방송을 탔다. 이 드라마를 통해 미국인들은 부유하고 유명한 유잉(Ewing) 가족의 라이프스타일을 바라보고, 욕망하고, 흉내 내기 시작했다. 이들의 라이프스타일은 텔레비전 방송이 시작된 직후부터 수십 년 동안 황금시간대에 인기를 누리던 기존의 '클리버'나 '벙커' 씨네 같은, 말하자면 중산층 또는 노동자계층의 그것과는 사뭇 상반된 것이었다.

어쨌든 우리는 유잉 가족을 지켜보았다. 피자가게 주차장과 철길 사이에 끼어 있는 허름한 집의 허름한 소파에 앉은 엄마 곁에서, 우리는 그 가공의 텍사스 석유재벌 가문에서 벌어지는 음모극에 사로잡혔다. 그런데 그때 우리는 멜로드라마 각본의 우여곡절에만 빠져 있었던 것이 아니었다. 믿을 수 없도록 멋진 집과 자동차들과 의상 등 그들이 가진 물건들에도 시선을 빼앗기고 있었다. 그 결과 텍사스 숙녀들의 높은 올림머리나 신사들의 높은 모자와 마찬가지로, 돈(큰돈!) 역시 그저 일상적으로 누구나 가질 수 있는 것이라는 착각을 하게 되었다.

드라마 〈댈러스〉가 시작된 몇 달 후, 개학을 앞두고 아버지와 쇼핑을 하러 갔다. 내 아버지는 중산층이었는데, 당시 대다수의 중산층 미국인들과 마찬가지로 신용카드를 가지고 있었다. 거래은행에서 발급해준 것으로 이자가 매우 낮았고 사용한도는 아버지의 계좌에 맞춰 정해져 있었다. 이혼한 부모의 아이인 나는 결코 중산층으로 자라지는 않았다. 사실 나는 그 이전에는 신용카드를 본 적도 없었다. 돈을 지불하지 않고도 그 자리에서 물건을 살 수 있게 해주는 그 플라스틱이, 내게는 신비로운 마법처럼 보였다.

그 이전에 나는 주로 울워스(Woolworth's) 같은 할인점에서 옷을 사 입었다. 그것도 예약구매를 걸어서 매달 5달러씩 현금을 미리 지불하고, 돈이 완불되면 옷을 받곤 했다. 이웃집 아기를 돌보거나 피자가게에서 바쁘게 손님 시중을 들면서 번 돈이었다. 그런데 그 날, 아버지는 훨씬 더 고급스러운 블루밍데일(Bloomingdale's)로 나를 데려갔다. 그리고 내게 플라스틱을 하나 건네며 '재미 좀 봐라.'고 말했다.

그날 마법의 플라스틱 머니로 샀던, 벨루어로 된 풀오버 스웨터와 두터운 트위드 재킷의 포근한 감촉을 나는 아직도 기억하고 있다. 그것은 울워스에서 파는 번쩍거리는 플라스틱 촉감의 옷들과는 분명히 달랐다. 나를 가난뱅이에서 일약 부자로 바꾸어줄 옷들을 플라스틱 머니로 긁으며, 나는 백화점 매장을 이리저리 뛰어다녔다. 그때 마스터 카드의 힘을 처음으로 체감했던 셈이다.

같은 해 12월, 미국 연방대법원은 마케트 은행 판결(Marquette Bank decision)을 내렸다. 은행들로 하여금 고리대금 금지법이 없는 모든 주들로 신용카드 영업을 확장할 수 있도록 허용한다는 내용이었다. 이는 곧 은행들이 점점 더 높은 이자율을 부과할 수 있으며, 따라서 그들의 플라스틱 사업에 점점 더 위험한 고객들을 유치하게 된다는 의

미였다. 또한 그것은 아버지의 플라스틱으로 비싼 스웨터와 멋진 트위드 옷을 구입했던 나처럼, 다른 미국인들도 그들의 옷장과 그들의 라이프스타일을 바꿀 수 있다는 뜻이었다.

1978년 이후로 플라스틱은 미국인이 점점 더 호사스러운 삶을 누릴 수 있도록 했다. 이자율이 얼마인지, 그것을 시장이 버텨낼 수 있는지 등의 문제에는 아무도 관심을 두지 않았다.

이러한 마법적인 우연도 충분치 않다는 듯, 로널드 레이건이 대통령으로 당선된 이듬해 이른바 레이거노믹스(Reaganomics)는 이 나라의 공식적인 경제 정책이 되었다. 그에 따르면, 부자들에게 돈을 주면 그 돈이 가난한 사람들에게 '적하(滴下, trickle down)'되어 내려갈 것이라고 했다. 이 약속을 믿은 미국인들은 이전보다 벌기는 덜 벌고 쓰기는 더 씀으로써 더 깊은 빚 구덩이로 빠져들어 갔다. 그로부터 30여년이 지난 후, 대다수의 미국인들은 더 가난하게 되었다.

하지만 '신발 끈을 잡아당겨서라도 자신을 들어 올리라.*'는 말처럼, 우리는 부에 대한 우리의 문화적 믿음 아래서, 구조적인 해법보다는 개인적인 방법만을 찾아왔

* 무슨 일이든 자기 자신의 힘으로 해내야 한다는 뜻의 관용구 – 옮긴이

다. 유방을, 옷을, 차를, 심지어 교육까지를 플라스틱으로 사는 것이 더 나은 삶을 향한 아메리칸드림을 성취하는 가장 익숙한 방식이 되었다.

《과소비하는 미국인》의 저자 줄리엣 스코어(Juliet Schor)에 따르면 "1980년대와 1990년대에 걸쳐 대부분의 중산층 미국인들은 이전 세대의 그 어떤 중산층보다도 훨씬 더 높은 비율로 물건을 사들이고

있다." 게다가 이들의 구매는 "더 고급이다." 같은 맥락에서 성형수술은 디자이너 의류나 카리브연안 휴가처럼 또 하나의 '머스트 해브(must have)' 아이템이 되었다.

팽창일로의 수요와 욕구는 미국 가정의 평균 부채를 세후 소득의 약 124%까지 끌어올렸다. 미국인들이 매년 500억 달러를 금융 수수료로 지불하고, 1인당 평균 8,562달러의 신용카드 부채를 안게 된 원인 또한 이것이다. 2008년에 신용카드 소지자 중 파산을 신고한 사람이 100만 명을 넘었다. 줄리엣 스코어는 "현재의 미국인들은 1979년보다 소득이 적음에도 그때보다 70% 이상을 소비하고 있다."고 지적한다.

우리 중 상당수는 새 옷이나 비싼 음식 이상의 것까지를 원한다. 예컨대 성형수술 같은 것이다. 우리 자신이 중산층인가 아닌가는 중요한 문제가 아니다. 미국 성형외과학회가 실시한 2005년의 한 조사 결과에 따르면 성형수술 환자의 30%가 연간 3만 달러 이하를 버는 사람들이었다. 한때 최상위 부유층에게나 가능했던 성형수술이 이제는 '우리 모두의 것'이 된 셈이다.

이러한 축복(?)의 결과는 앞에서도 언급한 것처럼 대공황 이후 최악의 신용 경색과 금융위기로 귀결되었다. 대영박물관에서의 내 강연 초입에 일부 청중들이 품었던 의구심과 달리, 영국의 신용 경색과 미국 경제의 붕괴를 유방 성형으로 설명할 수 있다는 나의 제안은 완전히 터무니없는 것이 아니었다.

성형미인과 플라스틱 머니를 연결 짓고, 그것을 통제되지 않은 탐욕의 정치적 이데올로기와 부자에 대한 숭배 문화로까지 확장시키는 것은 조금 지나친 논리 비약일까. 그러나 나는 거기에 연결점들이 있으며, 그 경로들이 확실히 탐색되었음을 알고 있다. 그 지도는 내 머릿속에만 있는 것이 아니라 평균적인 미국인들의 육체와 은행 계좌에도 기록되어 있다. 그 모든 것들이 연결되어 있다는 사실을, 우연히도 나는 처음으로 깨달았을 뿐이다.

2004년에 나는 젊은 성전환 남성 집단을 대상으로 그들의 생활에 대한 인터뷰를 한 적이 있다. 그 젊은 남성들은 대부분 가슴 재교정 수술을 받은 사람들이었다. 가슴 재교정 수술이란 가슴이 평평하게 보이도록 유방 부위의 지방조직을 흡입하고, 유두를 가슴의 더 위쪽으로 재배치하여 더 '남성적'으로 보이도록 만드는 미용 성형수술의 일종이다. 수술 비용은 대략 6,000달러에서 8,000달러 사이였다. 나는 그 젊은이들에게 그런 엄청난 수술비를 댈 능력이 있다는 사실에 우선 놀랐다. 그들 대부분은 최근에 대학을 졸업했으며 갓 들어간 직장에서의 월급도 그리 많지 않은 편이었다.

"아, 그건 어렵지 않아요."

한 청년이 자신 있게 말했다.

"성형외과에 찾아가면 거의 모든 의료신용 회사들이 다 있어요. 점선 친 부분에 사인만 하면 되죠. 저처럼 학자금 융자가 있다거나 신용카드 빚이 많더라도 그들은 돈을 빌려줍니다."

나는 집으로 돌아오자마자 '성형수술'과 '신용'에 대해서 인터넷을 뒤져보았다. 말 그대로 수백 개의 사이트들이 나타났다. 그들 모두 '당신을 아름답게 만들 수 있도록 돈을 빌려주겠다.'며 호객행위를 하고 있었다. 더 깊이 조사해보니 실제로 거의 대다수의 성형수술이 신용으로 지불되고 있었다.

성형수술을 받는 대부분의 사람들은 부자가 아니며, 그들 중 상당수는 가난하다. 그들은 28%나 되는 이자를 물어가며 플라스틱 머니로 성형수술을 받는다. 달리 말해 사람들은 그들의 체형을 고치기 위해서 엄청난 양의 빚을 감수하고 있다. 그 빚은 주택 소유라는 신뢰도 높은 경로를 통해 기필코 중산층에 진입하겠다는 희망을 가진 사람들이 과도하게 떠안은 서브프라임 모기지와 크게 다르지 않다. 두 경우 모두, 플라스틱 머니를 통해 더 나은 미래를 보장한다는 플라스틱의 약속에 기반을 둔 것이다. 물론 우리 모두가 잘 알고 있지만, 그것은 우리들 대부분을 더 나은 삶으로 인도해주지 않는 거짓 약속이다. 당신이 타인들의 꿈에 대해 이자를 받아 챙기는 그런 사람이 아닌 한 말이다.

2007년 늦은 봄의 어느 더운 날, 나는 그 이전에도 해본 적이 없고 아마 앞으로도 다시 하지 않을 어떤 일을 하나 해냈다. 그날 나는 버몬트의 고풍스러운 대학 캠퍼스에 있는 오래된 석조건물 안, 답답하기 그지없는 내 사무실에 갇혀 있었다. 나는 소매를 걷어 올리고 신발을 벗어던진 다음 내 전화기가 예정된 시간에 울리기를 기다렸다. 마침내 전화기가 울렸고, 나는 수화기 너머의 두 남자와 인사를 나누었다. 그들은 와코비아은행에서 일하는 두 사람의 투자은행가들이었다.

나는 미국 경제의 미래에 대해 그들에게 조언하기 시작했다. 미국 경제는 지금의 부채 수준을 무한정 지탱할 수 없을 것이며, 6개월 내일 수도 있고 6년 후일 수도 있겠지만, 심각한 경기 침체가 불가피하리라고 말했다. 그날은 지금의 경기 침체를 이끈 서브프라임 모기지들의 공식적인 '붕괴'가 시작되기 바로 며칠 전이었다.

사실 그 은행가들이 나에게 경제에 대해 물어왔다는 사실 자체가 놀라운 일이다. 내가 옳았다는 사실은 더 더욱 놀라울 뿐이다. 나는 사회학자지 경제학자가 아니다. 돈에 대해서는 정말 아무 것도 모른다. 진실을 말하자면, 나는 수표책 한 권의 수지를 맞춰보려고 시도한 적조차 없다. 더블 라떼 커피를 사고 팁을 계산하는 것 이상의 수학적인 일에 대해서는 거의 무능한 사람이다.

그러나 플라스틱에 대해서라면 나는 꽤 많은 것들을 알고 있다. 그 투자은행가들이 내게 전화를 한 것도, 내가 미국의 경기 침체나 세계적인 신용 경색을 예견할 수 있었던 것도, 플라스틱에 대한 오랜 연구의 결과였다.

근대성과 플라스틱

플라스틱과 마찬가지로 미국 사회는 근대적이다. 여러 사회비평들에서 지적된 바와 같이, 근대사회와 전근대사회를 구별 짓는 기준은 권력의 내면화 여부다. 과거 국왕이 국가의 권력을 과시하고자 할 때면 몇몇 사람들의 목을 쳐버리면 됐다. 그런데 근대성(그리고 자본주의)의 도래와 함께 권력은 더 이상 육체에 대한 형벌을 통해 표현되지 않게 되었다. 대신 권력은 규율을 통해 드러난다.

근대인들의 육체는 기존 질서에 대한 충성을 보여주기 위해 기꺼이 수술을 받을 정도로 규율이 잘 잡혀있으며, 또 그런 육체는 우리의 사회적 권력을 잘 드러내고 있다. 사회학자 피에르 부르디외(Pierre Bourdieu)가 밝혔듯 육체는 특정한 권력의 형태들에 습성화하고 있다. 부르디외가 '아비튀스(habitus)'라고 부른 일생의 습관은 우리의 육체를 사회적 권력의 살아있는 예증으로 만든다. 간단히 말해 상류층의 육체는 노동자층의 그것과 다르며, 남성의 육체는 여성의 그것과 다르다.

사회적 권력이 이처럼 물질적인 육체에 새겨지는 까닭은 선천적인 유전학 때문이 아니다. 경제적이고 문화적인 이데올로기들 때문이다. 다음과 같은 대립항들을 살펴보자.

> 육류가 좋다 : 육류는 건강에 해롭다
>
> 육체적 노동 : 매일의 요가
>
> 값싼 식품 : 유기농 식품
>
> 가능한 크게 유방 확대 : 자연산으로 보이도록 적당히 유방 확대

사람들은 저마다의 상황에 따라 다른 취향을 갖게 된다. 그런데 이 취향은 '필요의 미덕'이며 그것은 끊임없이 필요를 미덕으로 바꾸어간다. 행위자는 자신이 좋아하는 것을 가진다. 자신이 가진 것을 좋아하기 때문이다.

물론 어떤 사람들은 성형수술에 대해 '취향' 이상의 이유를 가지고 있다. 성형수술은 사람들 사이에 무작위로 퍼져나가지는 않는다. 대개 성형수술은 일반적으로 못생겼다고 생각되는 여성의 육체

에 대해 행해진다. 특히 '중산층, 중년, 백인 여성'의 육체가 그 대상
이다.

2004년에 여성들은 1,070만 건의 미용 성형수술을 받았다. 전체
미용 성형수술 건수의 90%를 차지한다. 그 중 45%가 35세에서 50
세 사이의 연령이며, 25%가 51세에서 64세 사이였다. 수술을 받은
여성의 대부분이 중년이라는 말이다. 또한 대부분이 백인으로, 약
80%에 달했다(미국 인구에서 백인의 비율은 69%다). 정리하자면, 주로
백인이자 어머니인 육체가 성형수술로 완벽함을 추구하고 있다는
것. 늙은 육체는, 특히 늙은 백인 여성의 육체는 혐오감을 불러 일으
킨다. 러시 림보(Rush Limbaugh)는 2007년 힐러리 클린턴이 대통령 선
거전에서 뛰고 있을 때 이런 말을 했다.

"미국인들은 한 여인이 늙어가는 모습을 매일매일 눈앞에서 지켜
볼 작정인가?"

러시 림보는 물론 상당수의 미국인들에게 있어서도 그 답은 '노
(No!)'였다. 사실 하루하루 늙어가고 있는 여인을 매일 지켜본다는 것
은 매우 고통스런 일이다. 미용수술을 받는 젊은 사람들이 늘고 있
기는 하지만, 수술을 받는 대다수는 확실히 '늙은' 사람들이다.

노동자 계층은 또 어떤가? 몸집은 더 크게 마련이고, 치아교정기
나 피부과 전문의를 접할 기회가 더 적었을 그들의 육체는 상류층의
부드럽고 잘 가꿔진 그것에 비하면 혐오스러울 수 있을 것이다. 제
대로 옷도 차려입지 않은 '비대하고 역겨운' 육체들이 텔레비전 낮
방송에 등장해 관객들로부터 '우우!' 신음을 자아내는 이유가 바로
이것이다.

미용수술을 받는 미국인들의 약 20%는 유색인들이다. 8%는 히스패닉, 6%는 아프리카계 미국인, 그리고 4%는 아시아계 미국인이다. 미용수술은 언제나 사람들을 '더 희게' 만드는 작업이었다. 미국에서 미용수술의 최초 고객들이 대부분 '그다지 희지 않은' 아일랜드인과 유태인이었던 것은 이 때문이다.

현재 대부분의 미국인들은 육체의 '완벽함'이라는 취향을 가지고 있다. 이 불가능한 완벽 추구 프로젝트의 대중적 내면화는, 완벽하지 않은 인간의 육체에 대해 혐오감 또는 심지어 쇼크의 감정을 유발하기도 한다. 그런데 우리 모두는 완벽하지 않은 인간의 육체로 존재한다. 그러므로 실상 우리 모두가 쇼크 상태에 빠져있는 셈이다. 이는 타인의 육체에 대해서나 우리 자신의 육체에 대해서나 마찬가지다.

나오미 클라인이 《쇼크 독트린》에서 지적했듯이, 쇼크에 빠진 사람들은 조작당하기 쉬운 사람들이다. 나오미는 "자연재해나 또는 저항자들을 가두고 고문하고 심지어 죽이기도 하는 살인 독재자에 의해 사람들이 쇼크를 받아 침묵하게 된다."고 했다. 하지만 만약 쇼크가 보다 개인적인, 보다 내면화된, 보다 근대적인 형태로 찾아온다면 어떻게 될까? 만약 우리가 느끼는 쇼크가 우리 자신의 역겹고도 놀랍도록 불완전한 육체에 대한 것이라면? 그리고 만약 우리가 자신의 완벽하지 않은 육체에 너무 큰 쇼크를 받은 나머지, 거기서 벗어나기 위해 무엇이든 기꺼이 내놓으려고 한다면? 만약 근대성이 우리에게 쇼크를 주어 플라스틱에 빠져들게 하고, 이제 우리 모두 그 대가로 몇 파운드의 살은 물론 가진 돈까지 닥닥 긁어서 바쳐야 한다면?

이 글을 쓰는 지금, 미국 정부는 우리들의 플라스틱 공화국을 구하기 위해 엄청나게 애를 쓰는 중이다. 2009년 미국 회복 및 재투자법(American Recovery and Reinvestment Act)은 거의 8,000억 달러를 미국 경제에 쏟아 부었다. 악성부채의 무게로 국가 전체가 주저앉고, 그로 인해 전 세계가 침몰하는 사태를 막아보자는 것이었다. 과연 미국이 이 플라스틱 머니의 무게에서 벗어날 수 있을지 없을지는 더 두고 볼 일이다.

플라스틱의 거짓 약속

《아메리칸 헤리티지 사전》에 따르면, '플라스틱은 성형(成形) 또는 소성(塑性)*될 수 있으며 (…) 조소물의 특성을 가지고 있다. 또 틀에 맞추기 좋고 (…) 쉽게 영향을 받으며 (…) 파열이나 이완 없이 지속적인 변형을 견뎌낸다.

> * 고체가 외부에서 탄성 한계 이상의 힘을 받아 형태가 바뀐 뒤 그 힘이 없어져도 본래의 모양으로 돌아가지 않는 성질 – 옮긴이

인공성 또는 피상성을 가지고 있고 (…) 신용카드로도 이용'된다.

오늘날 미국인들은 점점 더 이런 특성을 닮아가고 있다. 플라스틱으로 만들어지고, 플라스틱으로 성형되며, 플라스틱처럼 가짜고, 플라스틱에 의해 변형되고, 플라스틱으로 아름다워지며, 플라스틱으로 지불한다. 우리는 플라스틱의 시간과 공간에 살고 있는 플라스틱들이다. 우리는 어떻게 여기에 이르렀을까? 이에 대한 대답은 보편

적이면서도 매우 미국적이다.

인간은 항상 아름다워 보이는 것들을 위해 기꺼이 보상을 해왔다. 그래서 오늘날 우리가 여기에 이르게 되었다. 인간은 육체의 형상을 바꿀 수 있도록 과학기술을 발달시켰다. 그래서 오늘날 우리가 여기에 이르게 되었다. 인간은 영화의 시대에 살고 있고, 이 2차원적 공간에서 멋지게 보이기를 욕망할 뿐만 아니라 갈수록 그렇게 될 필요가 늘어나고 있다. 그래서 오늘날 우리가 여기에 이르게 되었다.

우리는 또한 우리 자신의 미국적 정신 때문에 여기에 이르게 되었다. 미국적 윤리의 중심에는 '우리가 궁극적으로 플라스틱'이라는 개념이 들어 있다. 우리는 우리 자신의 삶과 우리 자신을 항상 더 '낫게' 만들 수 있으며, 심지어 열심히 일하기만 한다면 이 세계도 더 나은 곳으로 만들 수 있다고 생각한다.

나눠가질 부가 부족하다고? 서쪽으로 가라! 핵 시대에 사는 것이 두렵다고? 치료요법을 받으라! 근사한 집을 살 여력이 없다고? 현금 지불 없는 담보대출을 받으라! 우리 스스로 해내자! 무너지는 경제, 붕괴되는 다리와 도로들, 건강보험이나 환경 위기 등 이 세계에 예전에는 본 적이 없는 문제들이 산적해 있다고? 아무 걱정 말라. 우리가 해야 할 일이라고는 더 나은, 더 강한, 더 능력 있는 '미국인'이 되는 것이다. 개인적 차원뿐 아니라 더 큰 구조적 문제들에 대해서도 이 '할 수 있다(We can do)!' 정신이 우리 모두의 가슴 속에 들어있는 것이다.

그러나 불행히도, 우리가 스스로를 언제까지나 개선해갈 수 있으리라는 믿음으로는 우리 사회의 조직화된 탐욕에 실질적으로 대처

할 수가 없다. 그 탐욕 때문에 지난 30여 년간 대부분의 미국인들은 더 가난해지고, 선택된 소수만이 더 부유해졌다. 총체적인 부의 이동은 정부의 탓이 크다. 정부가 비정상적인 규모의 신용과 부채로부터 일반 국민들을 보호하는 대신 뒷전으로 물러나 있었던 탓이다. 우리는 한 사람의 시민이자 국민이기에 앞서 이자 갚을 능력이 없는 채무자들이다. 그런데도 우리는 점점 더 불안해지는 미래를 위한 아무런 대책도 세우지 못하고 있다.

우리가 여전히 가슴과 입가의 주름, 옆구리나 허벅지에 쌓이는 지방에나 집착하고 있는 것은 참으로 이상한 일이 아닐 수 없다. 결국 우리는 우리 자신의 육체(또는 결혼식이나 자동차나 아이)를 완벽하게 만들겠다는 불가능한 과업에만 관심을 쏟고 있는 것이다. 요점은 이것이다. 하나의 나라로서, 문화로서, 또한 이 세계의 시민으로서 우리는 우리가 처한 문제들을 직시하는 대신, 우리 삶의 일상적인 표피들만을 마치 플라스틱처럼 반짝반짝하고 만들고자 애쓰고 있다.

이제는 우리가 어떻게 여기까지 왔는지, 앞으로 무슨 일을 해야 할지 생각해볼 때다. 이 책은 미국인에 대한 이야기이자 우리 자신과 우리의 돈을 끝없이 다양한 새로운 형태로 바꾸어가고 있는 우리의 능력에 대한 이야기다. 그리고 그것을 멈출 수 있는 우리의 능력에 대한 이야기이기도 하다.

모든 물질에는 파괴점이 있다. 플라스틱이라 해도 마찬가지다. 우리는 지금 바로 그 파괴점에 다다랐다.

플라스틱 시간과 공간의 종점에서도 성형외과 의사들은 여전히 안면이식을 성공적으로 해치우고, 일반인들은 쇼핑을 하듯 즉석에서 보톡스 클리닉에 찾아간다. 보톨리누스 중독을 일으키는 신경독소를 우리 얼굴에 주사해서 얼굴에 나타난 세월과 표정을 멈추게 하는 데에는 별도의 예약조차 필요 없다.

안면이식과 자발적인 안면마비가 동시에 공존한다는 사실은, 우리가 현재 너무도 흥미로운 역사적 분기점에 서 있다는 분명한 신호다. 자아와 육체에 대한 기존의 개념들은 보다 포스트 모던한 현실들로 대체되고 있다. 이제 우리의 욕망과 우리의 육체는 기술 및 금융과 교직되어 혼연일체를 이룬다. 자신을 끊임없이 개선할 수 있다는 미국적인 믿음과, 육체는 '작업'을 필요로 한다는 또 다른 미국적인 믿음은 더욱 진보되고 이윤추구적인 성형수술 산업과 융합했다. 우리는 플라스틱의 노예이자 플라스틱 그 자체가 되었다.

나는 '성형수술'이란 용어를 이 책 내내 사용할 것이다. 대부분의 미국인들이 그렇게 이해하듯 내가 말하는 성형수술이란 재건수술이 아닌 미용수술을 의미한다. 성형외과 의사라면 펄쩍 뛸 일인지도 모르겠다.

"유방 절제를 받은 여성에게 인공유방을 성형하는 것과, 호리호리한 10대 소녀에게 큰 유방을 달아주는 것 사이에는 큰 차이가 있답니다."

그들은 아마 그렇게 반박할 것이다. 안다. 그리고 대체로 동의한다. 사고나 질병, 또는 기형으로 태어났기 때문에 받는 재건수술은 미용수술과 같지 않다.

하지만 다른 한편으로, 미용수술과 재건수술의 경계를 구분하는 것은 그렇게 간단한 작업이 아니다. 한 여성지의 편집자는 언젠가 내게 그 둘 사이에는 전혀 차이가 없다고도 말했다. 나의 기대와는 달리 그녀는 '거의 모든 미용수술은 사실상 재건수술'이라고 주장했다.

"매력적이지 않은 몸으로 돌아다니는 게 얼마나 힘든 일인지 생각해보세요. 그렇다면 지방흡입 수술이나 코 수술을 받는 것과 자동차 사고 후 얼굴 재건수술을 받는 것 사이에는 아무런 차이도 없는 셈이죠."

위장절제수술 또는 위장봉합수술이라고 하는 비만수술을 생각해보자. 비만수술은 고도로 비만한 사람들을 위한 것이다. 이론적이긴 하지만 만약 그런 환자가 운동이나 다이어트를 통해서도 체중을 줄일 수 있다고 한다면, 위장절제수술이 미용수술일까 아니면 재건수술일까? 300파운드를 줄이고 난 결과 그 환자의 위장 거죽이 무릎까지 내려오도록 늘어져 있다면 어떨까? 그렇게 되었다면 위장을 축소하는 수술은 필요한 것일까?

필요와 불필요를 나누는 선이 계속 수정된다고 하더라도, 나는 그 선이 결국 존재한다고 생각한다. 미용수술은 불필요하다. 재건수술은 환자에 따라 때로는 필요하며, 보통 체형의 사람들을 위해서라도 때로는 필요하다.

이 책에서 나는 불필요한 종류의 수술에 대해서 말하고 있다. 유방 성형 또는 약간 작은 코나 그런대로 날씬한 편인 몸이나 많지 않은 주름 등에 대한 수술처럼 우리 몸의 껍데기를 바꾸기 위해 행해지는, 건강과는 아무 관련이 없는 수술 말이다.

때로는 재건수술도 건강과 아무 관련이 없을 수는 있다. 몸이 다른 사람과 달라서 불안하기 때문에 수술을 택하는 경우가 그렇다. 인류는 언제나 육체적으로 '기이한' 사람들에게 끌리고, 한편으로는 역겨움을 느껴왔다. 바로 이 지점이 성형수술에 대한 충동이 발생하는 근원이다. 우리는 기이한 사람들을 사라지게 하려는 충동을 갖고 있다.

그러나 육체적으로 다른 사람들을 주목하거나 외면하려는 인간의 오래된 충동에도 불구하고, 사람들이 자발적으로 수술을 받으려는 생각을 하기 시작한 것은 1890년대 이후의 일이다. 미용수술은 하나의 산업이 되었고, 그러자 대체로 '정상'이고 '제 기능'인 육체를 가진 사람들도 돈을 지불하고 자신의 몸을 바꾸게 되었다. 되돌아올 길은 없다. 성형수술은 이제 '잘못된' 사람들을 고치는 데서 출발해 '차이를 교정'하는 쪽으로 치달았다. 그것도 막대한 이윤을 올리면서 말이다.

제2장

플라스틱의 간략한 역사

동료들과 함께 내 작업에 대해 토의하던 중, 누군가 MTV의 리얼리티 쇼 〈유명한 얼굴이 되고 싶어〉를 언급했다. 일반인들이 브래드 피트나 제니퍼 로페즈처럼 보이고 싶어 성형수술을 받는 이야기를 다루는 프로그램이다. 화제는 자연스럽게 안면이식수술로 이어졌다. 예전엔 매우 드물고 대단한 수술이었지만 요즘 들어 급속히 보편화된 기술이다. 정말 '흥미로운 시기'에 살고 있다며 우리는 웃었다.

브래드 피트의 얼굴을 원하는 것과 실제로 브래드 피트의 얼굴을 갖는 것이 모두 가능한 이 시기에, 나의 동료가 '미용수술에는 반대!'라고 선언하는 것을 듣고 나는 깜짝 놀랐다. 미용수술에 반대한다고? 그것은 마치 자동차에 반대한다는 말이나 마찬가지다. 윤리적으로는 가능할지 모르지만, 사실상 그것은 불가능하거나 적어도 극히 비현실적인 입장이다.

이 주제를 연구하기 시작한 이후, 사람들은 미용수술에 대한 나의 견해를 늘 물었다. 마치 내가 '그건 나쁜 일이에요.'라고 하면 그것이 사라지기라도 한다는 듯. 일부 사람들은 내가 '그건 좋은 일이에요.'라고 대답해주기를 기대했을 것이다. 그것으로 성형수술을 향한 자신들의 은밀한 욕구를 정당화하려 했으리라.

요람에서 무덤까지

진실은 단순하다. 우리를 여기까지 몰고 온 역사적 문화적 그리고 경제적 힘들은 워낙 강하고, 성형수술에 대한 집착의 뿌리는 미국인이 된다는 의미의 바로 그 정수에까지 깊이 침투되어 있다. 여기서 벗어날 길은 없다. 하지만 지금까지의 역사를, 우리가 어떻게 여기까지 왔는지를 충분이 이해한다면 대안적인 진로를 모색해볼 수도 있을 것이다.

일부 역사가들은 기원전 600년 경 고대 인도에서 행해졌던 미용수술에 대해 이야기한다. 당시 간통에 대한 가장 흔한 형벌은 간통자의 코를 자르는 것이었다. 따라서 예전에는 코가 없이 살아가는 사람들이 적지 않았다. 그리고 외과의사들은 이마의 피부를 잘라내어 코가 있어야 할 자리에 붙여주었다. 이 수술은 물론 마취제의 도움 없이 실시되었다. 하지만 애당초 코를 잘라낼 때 역시 그랬으니 환자들의 불평은 크지 않았을 것이다.

처음으로 '미적' 수술 또는 '미용'수술이란 말을 사용하기 시작한 사람들은 르네상스 시기의 이탈리아 외과의사들이었다. 그러나 이 때의 미용수술은 매독 때문에 뭉개져버린 코를 재건하는 등의 수술이었다. 이처럼 얼굴에 코를 다시 붙이는 수술은 근본적으로 미용보다는 재건에 가깝다. '정상'인 육체를 바꾸는, 순전히 미용 상의 이유만을 위한 수술은 1800년대 말엽에 시작되었다.

오늘날 성행하는 미용수술의 관행은 사고나 질병으로 형태가 무너진 몸을 재건하는 것이 아니다. 오히려 다양한 육체들을 '표준화'

하기 위한 것이다. 미셸 푸코(Michel Foucault)가 표현했듯 '고통을 완화하고, 치료하고, 위안한다는 명목으로, 그러나 사실상은 표준화의 힘을 행사하려는' 다양한 근대적 제도와 관행들이 있었다. 순수한 의미의 미용수술은 철저히 근대적 현상이다. 그리고 그것의 목적은 육체들을 표준화하려는 것이다.

근대 이전에는 남들과 다른 육체가 평균적인 육체보다 더 강력하거나 종종 더 위험하다고 인식되었다. 따라서 기이한 육체에는 합당한 해명이 필요했다. 예컨대 태어나면서부터 입천장이 갈라져 있는 기형인 구개열(口蓋裂)은 수다에 대한 벌로 여겨지기도 했다. 그런가 하면 접착쌍둥이는 마을에 행운을 가져올 징조로 받아들여지기도 했다. 이처럼 이례적인 육체는 신의 분노 또는 은총의 신호로 해석되었다. 진화생물학자인 아만드 마리 르로이(Armand Marie Leroi)는 그의 저서 《돌연변이》에서 이렇게 적었다.

"16세기와 17세기에는 괴물들이 도처에 흔했다. 왕자들은 그들을 끌어 모았다. 박물학자들은 그들의 목록을 만들었다. 신학자들은 그들을 종교적 선전 도구로 이용했다."

이례적인 육체에 대해 어떻게든 이를 해석하고 여기에 어떤 의미를 부여하려는 충동은, 그 육체를 바꾸고 궁극적으로는 그런 기이함을 시야에서 사라지게 하려는 충동으로 이어졌다. 이례적인 육체의 소유자들이 신의 신호등에서 혐오의 근원으로 옮겨가는 바로 그 순간, 문제의 미용성형이 태어났다. 장애언구학자인 로즈마리 갈런드 톰슨(Rosemarie Garland Thomson)이 설명한 대로, "한때는 계시로서 추구되던 것이 이제 공포를 일으킨다. 한때는 전조로 받아들여지던 것이 진전의 작용점으로 바뀌었다. 간단히 말해서 경이는 오류가 되었다." 근대성을 가진다는 의미의 바로 그 핵심에 '기이한 육체를 표준화'하려는 이러한 욕구가 놓여 있다.

한 세기 전만 해도 군중들은 기이한 볼거리를 구경하고자 모여들어 넋을 잃었고, 인간 형상의 놀라운 다양성을 보기 위해 기꺼이 한 푼씩을 지불했다. 그보다 한 세기 전의 사람들은 교회 앞이나 장터에 모여 인간 육체의 한계에 나타난 신성함을 보라는 목사의 설교를 들어야 했다.

1930년대가 되자 과학과 '미용자본주의'라는 새로운 신흥종교가 나타나 기이함을 잘못된 것으로 지목하기 시작했다. 미용자본주의란 우리의 평범함을 무언가 더 아름다운 것으로 바꾸고자 하는 욕망을 심어주고, 그 욕망으로부터 이익을 뽑아내는 장사를 말한다.

1932년 토드 브라우닝(Tod Browning) 감독의 공포영화 〈프릭스〉의 첫 장면은 대중들이 비정상적인 육체를 외면하기 시작한 바로 그 순간을 완벽하게 포착하고 있다. 이 영화는 괴짜 쇼에 등장하는 사람들(당시의 스타들)의 이야기를 다뤘다. 브로드웨이 쇼와 영화에도 출연한 접착쌍둥이 데이지와 바이올렛 힐튼, 하반신 없이 태어나 인간 토르소라고 불리던 조니 에크 같은 사람들 이야기다. 긴 서론이 내내 이어지던 영화는, 표준화라는 철저하게 근대적인 욕망의 꿈이자 악몽을 표현한 다음 구절을 내뱉는다.

"근대과학과 기형학이 세상에서 이러한 자연의 실수를 급속히 없애가고 있기 때문에, 앞으로 이 같은 이야기가 다시 영화로 만들어지는 일은 결코 없을 것이다."

브라우닝의 영화는 당시 관객들에게 충격과 역겨움을 불러일으켰다. 영화는 이내 배급이 중단되었다. 1932년만 해도 그러한 극도의 육체적 다양성은 이미 즐겁게 관람하기에 너무나 끔찍한 것이었다.

기이한 육체를 표준화하고 사라지도록 하려는 충동은 시간이 흐르면서 점점 강해졌다. 그리고 그것은 드디어 특정한 이데올로기를 창출했다. 우생학과 같은 인종적 이데올로기가 그것이다. 이에 따르면 표준적이지 않은 육체를 지닌 사람들은 모두 비정상이었고, 어떻게든 정상으로 되돌려 놓아야 했다.

이처럼 기이한 육체들이 점점 표준적으로 바뀌자, 이어 다른 육체들이 검토 대상이 되었다. 뚱뚱한 육체, 늙은 육체, 완전히 희지 않은 육체들이다. 근대적 육체는 생산적이고 '건강한' 듯 보여야만 하고, 더 나아가 지배적인 인종과 경제 집단에 속한 듯 보여야 한다. 이것이 '아름답다.'는 단어의 의미로 굳어졌다.

한편으로 근대성은 산 자들뿐 아니라 죽은 자들까지도 '아름답고' 또 '건강하게' 보이도록 만들 것을 요구했다. 미용수술 이야기의 일부는 장례 산업과 더불어 발달해 왔다. 과학기술의 발달이 미용자본주의와 더불어 미용수술을 만들어냈던 것과 똑같은 방식으로, 사체 방부 처리 기술과 죽음의 사업가들은 시체를 '멋지게 보이는 육체'로 바꾸어 놓았다.

이렇듯 1880년 무렵부터, 죽었든 살았든, 근대적 육체는 선분가의 서비스를 필요로 하게 되었다. 그 이후로 가면 갈수록 많은 사람들이 이 생에서는 수술을 받고, 다음 생에서는 방부 처리를 받아야겠다는 욕구를 갖게 되었다.

전쟁과 재건수술

/

인터뷰에 응하는 성형외과 의사들은 종종 그들 분야의 역사가 전쟁의 역사와 함께 시작되었다고 표현하곤 한다. 전투 중에 찢어진 병사들의 몸을 다시 꿰매 붙인 영웅적 외과의사들의 전설이 이를 말해준다. 1948년 발간된《미용수술도감》을 보자.

양차 세계대전이 치러졌던 지난 30년은 성형수술이 하나의 예술이자 과학으로 진화하는 데 있어 무엇보다 (사실상 비길 데 없이) 중요한 시기였다. 일반대중들은 근년에 와서야 성형수술이 종종 거두어온 진정으로 놀라운 결과들을 인지하기 시작했다. 이는 순수하게 미학적이고 기능적인 본질에서뿐만 아니라 심리적, 사회적, 그리고 경제적으로도 확실한 가치를 갖는 결과들이다.

성형수술 분야의 대다수 역사가들은 성형수술을 탄생시킨 것이 전쟁들, 그 중에서도 특히 제1차 세계대전이었다는 데 동의한다. 1차 대전은 참호 속에서 전투가 이루어졌기 때문에 적군의 공격으로부터 병사들의 몸통은 어느 정도 보호를 받을 수 있었다. 상대적인 취약 부위는 머리였다. 그 결과 참호전은 유례없는 숫자의 안면 부상을 낳았다. 얼굴은 안 보이게 가리기도 어려웠으므로 참전용사들은 수술을 받는 수밖에 없었다.

미국 미용수술의 역사는 더 거슬러 올라갈 수도 있다. 남북전쟁 당시에도 끔찍하게 손상된 육체들이 있었던 것이다. 이 전쟁에 도입된 탄약은 특히 얼굴에 부상을 입힐 가능성이 높았다. 전쟁과 더불어 외과의사들의 안면구조를 재건하는 기술은 점점 더 능숙해져 갔다.

전쟁이 재건수술 외과의사들의 기술적인 솜씨를 극적으로 높여주었다는 데에는 의심의 여지가 없다. 그러나 미용수술에서 진정한 기술적 도약은 환자를 마취하는 방법의 개발에서 성취되었다. 또한 어떤 방법으로 수술기구를 소독해야 수술 후 생존율을 높일 수 있는지를 알아낸 것도 큰 몫을 했다. 달리 말해 성형수술은 사실상의 고객들, 즉 '보통사람들'을 끌어들이기 위해서 덜 아프고 덜 치명적으로 변해야만 했다.

찌그러진 얼굴로 전쟁에서 돌아온 병사들은 어떻게든 자신의 얼굴을 되살리고자 했을 것이다. 그러나 그저 코가 크거나 턱 선이 늘어진 사람들이라면 멀쩡한 의식으로 칼질을 견디거나, 잘못하면 패혈증에 걸려 죽을지도 모를 수술을 선뜻 받으려고 하지는 않았을 것이다. 랠프 월도 에머슨(Ralph Waldo Emerson)이 한 말이 있다. 오늘날 자본주의의 마술을 맹신하는 사람들이 종종 인용하는 문구다.

"더 나은 쥐덫을 만들어라. 그러면 온 세상 사람들이 당신 집 문 앞으로 몰려올 것이다."

성형수술의 성격이 재건에서 미용으로 옮겨지고, 그런 수술을 받는 사람들이 환자에서 고객으로 바뀐 까닭이 여기에 있다. 아름다움과 육체적 초월성을 동시에 안겨주겠다는, 저항하기 어려운 미용수술의 약속이 그것이다. 우리를 덫에 빠뜨린 채 계속해서 한 번 더, 또한 번 더 수술을 받게 만드는 함정이 여기 숨어 있음은 물론이다.

아름다움을 팝니다

아름다움이 하나의 상품이 아닌 세상은 이제 상상하기도 어렵다. 우리가 아름다움을 쇼핑해온 세월이 100년도 더 되었다. 그것이 한때는 시장 바깥에 존재했었음을 이제 와 상상이나 할 수 있겠는가?

아름다움을 '구매할 수 있는 상품'으로 보는 관념은 산업화 및 자본주의의 발달과 더불어 일어난 특별한 혁명의 결과다. 이 독특한 혁명은 쇼핑이라는 행동과 관계가 깊다. 쇼핑의 탄생과 변화를 계기로 미용성형이 탄생했고, 백화점도 등장했다. 이 두 가지는 미국인들이 자기 자신을, 자신의 행복을 규정하는 방식에 일대 변화가 일어났음을 알리는 신호탄이었다.

그리고 우리는 더 이상 생산자가 아닌 소비자가 되었다. 우리는 작년보다 올해 더 많이 소비하고, 내년에는 올해보다 더 많이 소비할 수 있을 때 비로소 성공적으로 살아가고 있음을 느끼게 되었다. 우리는 쇼핑을 통해 우리 자신을 형성했으며 타인과의 관계를 구축하는 법을 배울 수 있게 되었다.

생산에서 해방되어 쇼핑 잔치로 달려간 첫 번째 계층은 중산층 백인 여성이었다. 뉴욕에 처음 들어선 쇼핑 거리의 이름이 '레이디스

마일(Ladies' Mile)'이었던 이유가 이것이다. 이 여성들은 더 이상 집에서 비누나 옷 따위의 물건들을 만들지 않게 되었다. 대신에 욕망의 궁전인 백화점에 드나들었다. 오늘날 소비자본주의라고 불리는 혁명이 그렇게 시작되었다. 그 무렵 여성들이 즐긴 쇼핑의 중심에는, 새로 출시된 어느 상품에 대한 욕구가 깊숙이 자리 잡고 있었다. 바로 아름다움이다.

여성들이 생산자에서 소비자로 자신의 역할을 바꾸고 가정의 영역에서 쇼핑이라는 새로운 공공영역으로 자리를 옮긴 그 순간이, 성형수술의 역사에서도 극히 중요한 시점이다. (더 일반적인 세상의 역사에서도 역시 그렇긴 하다.)

미를 사고파는 쇼핑은 오로지 이익에 의해서만 좌우되지는 않았다. 거기에는 미용산업에 대한 놀라운 낙관주의가 존재하고 있었다. 심지어는 어떤 민주적 정신도 들어 있었다. 인류 역사상 처음으로, 아름다움은 타고난 특징 또는 유전자 추첨에 의한 일종의 행운이 아니라, 개인이 여러 상품들의 도움을 받아 꾸밀 수 있는 어떤 것이 되었다. 몸통을 졸라주는 코르셋에서부터 루즈, 20세기부터의 성형수술에 이르기까지 선택은 무궁무진했다.

아름다움을 구매하는 일은 전적으로 미국적인 활동이다. 미국의 여성 소비자에게는 다양한 힘들이 작용하고 있다. 소통의 새로운 형태라고 할 광고가 대표적이다. 최초의 광고들은 비누나 재봉틀 등 예전부터 집에서 만들어온 물건들과 관련된 것이있다. 어싱학사 앤 머클린톡(Anne McClintock)은 초기의 광고들에 대해 '상품 인종주의의 한 형태'라고 규정하기도 했다. 다시 말해 여성들이 광고에 꼬여드는 이유는 광고 속의 인물과 가깝도록 스스로를 더 낮게 만들기 위해서만이 아니라, 자신의 안위를 도모하기 위해서이기도 하다는 것이다. 예를 들어 비누 같은 상품은 다른 인종이나 계층들이 만들어내는 '오염'으로부터 소비자들이 감염되는 것을 막아준다고 약속했다. 동일한 방식으로 그 비누는 사회적 '오염'으로부터도 보호해준다고 선전했다. 미용산업계가 최초로 여성들을 '추함으로부터 보호해주겠다.'고 약속한 것이다.

　미용 상품들은 역겹고 추한 노동자계층 여성과 깨끗하고 아름다운 유한계층 숙녀 사이에 분명한 경계선을 그어주었다. 미용 상품들은 중산층 백인 여성들을 계층 및 인종적 오염으로부터 보호해 주겠다며 팔을 걷어붙였으며, 동시에 노동자계층 여성들에게는 더 '아름답게', 즉 '숙녀답게' 만들어주겠다는 구원의 약속을 제공했다. 1934년 카메이(Camay) 비누의 광고 문구는 이렇다.

　　아름다움-아름다움-아름다움! 인생이란 언제나 아름다움의 추구.
　　당신이 어디를 가든 누군가 당신을 바라봅니다. 그리고 그 누군가
　　의 마음속에 당신을 향한 흠모 또는 혐오가 생겨납니다. 물론 당신
　　이 턱의 윤곽이나 눈동자의 색깔을 바꿀 수는 없습니다. 그러나 피
　　부의 상태는 바꿀 수 있습니다!

　미용수술 또는 각종 성형 기술 덕에, 이제 사람들은 마음먹기에 따라 턱의 윤곽과 코의 모양, 심지어 피부 색깔도 바꿀 수 있게 되었다. 좀 더 아름다워질 수도 있게 되었고, 나아가 많은 돈과 권력을 쥔

사람들과 비슷하게 보일 수도 있게 되었다. 한마디로, 더 희어질 수 있다는 말이다.

성형수술과 인종문제

성형수술과 관련하여 미국인들을 사로잡고 있는 주제는 아름다움만이 아니다. 인종 역시 중요한 문제다. 초기의 성형수술 소비자들은 자신들을 미개인인 양 보이게 만드는 인종적 특징으로부터 그 육체를 해방시켜주겠다는 약속에 현혹되었다. 당시의 인종차별적 과학에 따르면, 특정한 유전적 병리증상들은 몸에 뚜렷이 드러난다고 한다. 이마의 각도를 보면 범죄성 여부를 판단할 수 있다는 과학자들도 있었다. 본연의 원초적인 본성이 코의 너비에, 귀의 살집 정도에 나타난다고도 했다.

인종적 우월감과 육체적 차이에 대한 집착은 성형수술이 상업적 산업으로 가시화되기 이전부터 시작되었다. 1812년 런던의 시민들은 호텐토트 비너스(Hottentot Venus)의 충격적으로 '미개한' 육체를 보고는 그로부터 눈을 뗄 수가 없었다. 그녀는 사르티예 바트만(Saartjie Baartman)이라는 이름을 가진 젊은 코이산족 여인이었는데, '툭 튀어나온 대음순'과 커다란 엉덩이로 여러 계층의 점잖은 사람들에게 선풍적인 관람 열풍을 일으켰다. 아프리카인의 미개함을 분명히 보여주는 징표라고 일컬어진 이러한 신체적 특징은, 아프리카인이 아닌 유럽인들에게 절대적인 특권을 부여하는 인종적 차별구조와 영국제국의 정당성을 홍보하기 위해 널리 활용되었다.

그로부터 한 세기 뒤, 브롱크스 동물원의 침팬지 우리에 오타 벵가(Ota Benga)라고 하는 피그미족 남자가 전시되어 비슷한 관람 열풍을 일으켰다. 치아부터 신장에 이르기까지, 그의 모든 면에서 드러나는 인종적 미개성을 보여주기 위한 전시였다. 인종 분리 정책과 백인 우월주의에 사로잡힌 미국인들은 동물원으로 몰려가서 벵가 씨의 거의 발가벗겨진, 그리고 분명히 '원시적인' 육체를 흥미롭게 구경했다.

미개함 또는 정상인들과의 차이를 제거하는 일은 성형수술의 오랜 과제였다. 1800년대 말엽부터 미용수술이 해온 일은 완전히 희지 않은 사람들이 이 사회에서 '통과'될 수 있도록 돕는 것이었다. 인종적 차별구조는 사람들이 스스로 바라는 모습에 가까워지도록 돕겠다고 약속하는 미용수술 산업에 이상적인 터전을 마련해주었다.

가스로 환자를 마취시키는 방법이 알려지자, 의사들은 우선적으로 유태인이나 아일랜드인의 코에 대한 성형수술을 판매하기 시작했다. 인종적으로 '다른' 이들의 표식을 고쳐주겠다는 것이었다.

일본에서는 1800년대 말 서양의 의술이 도입됨과 거의 동시에 미용수술이 등장해 사람들의 눈꺼풀을 재빠르게 쌍꺼풀로 고쳐놓았다. 이렇게 인종주의와 제국주의는 미용수술과 결합해 신체의 인종적 표식들을 완화하는 기술들을 만들어냈다. 희게 고치는 일은 바람직하며 돈으로 살 수 있는 것으로 여겨졌다. 더 나아가 육체를 보다 '아름답게' 만드는 것이 불행에 대한 치료법으로 받아들여지게 되었다.

미용수술이 치료하겠다고 약속했던 그 영혼의 불행이란 무엇이었을까? 그것은 물론 인종적 오점을 가졌다는 불행이었다. 노예조상의 뿌리를 둔 대다수 미국인들과 제국에서 연유한 유럽인들에게, 신체상의 인종적 차이는 그 신체가 병적이고 열등하다는 표식이었다. 미용수술은 비백인계 인종들의 '추함'을 고쳐주려고 했다. 인종차별적 과학은 외모를 통해 누가 건강하고 누가 병들었는지, 누가 번식하여 인종을 '개량'할 수 있고 누구는 제거되고 폐기되어야 하는지를 판단했다. 우생학과 미용수술 간의 커넥션은 처음부터 그렇게 존재하고 있었다.

20세기 초 우생학은 근대를 육체적 쇠퇴가 일어난 시기로 보았으며, 그 쇠퇴가 국가에 위협이 된다고 주장했다. 아돌프 히틀러가 우생학을 자신의 '최종 해법(Final Solution)'으로 채택했을 때, 이미 우생학은 세계적으로 하나의 과학적 믿음으로 받아들여지고 있었다. 우생학은 가장 인기 있는 학문이기도 했다. 미국에서, 특히 1930년대까지 우생학자들은 유전적인 모델(유전자)과 환경적인 모델(자신의 개량)을 모두 받아들이고 있었다. 열심히 일하면 성공할 수 있다는 미국인 특유의 믿음과 사고방식은, 우생학의 그 같은 사고방식을 통해 출생뿐 아니라 생활양식에도 작용했다.

미국식 우생학은 완벽한 아기의 생산에 적용되었다. 또한 몸매 관리와 건강, 그리고 미용이라는 새로운 영역에도 채택되었다. 이는 국민들을 적절히 설득시켰다. 실제로 앨버드 위갬(Albert E. Wiggam) 같은 유명 우생학자들은 1929년 미스 유니버스 대회의 심사를 맡기도 했다. 아름다움은 유전적 우성의 징표이며, 동시에 우리가 노력해서 얻어내야 할 그 무엇이었기 때문이다. 만약 우리가 유전적 열성의 징표를 스스로 노력해서 없앨 수 없다면, 미용수술 전문의들이 대신 해줄 수 있었다. 비누나 크림 따위가 아니라 성형수술이야말로 우리를 추함으로부터 진정으로 보호해줄 수 있는 유일한 상품이었다.

인종적 차별구조 안에 똬리를 튼 이윤추구적 상업으로서 미용수술은 20세기에 들어서도 계속 팽창해나갔다. 1970년대까지 미국에서 코 수술을 받은 전체 환자의 절반 이상이 유태인이었다. 인종적 차이의 가장 가시적인 징표였던 유태인의 코는 어렵잖게 바뀌었고, 그를 통해 유태인들은 완전한 '백인'이 될 수 있었다. 적어도 미국 내에서는 그랬다. 버지니아 블럼(Virginia Blum)은 그녀의 반자전적인 성형수술 이야기인 《육체의 상처》에서 이렇게 말했다.

나의 집안 이야기는 신체적 외양을 통해 유사성이 상징화되는 많은 유태계 미국인 가족들의 그것과 비슷하다. (…) 특정한 종류의 코가 유태계임을 말해준다. 따라서 더 넓은 비유태계 문화로 동화되어간 유태인들은 우리의 모습에서 우리 민족의 자취를 없애버린 셈이다.

바트만이나 벵가처럼 구경꾼들에게 갇힌 아프리카인들에게는 진화된 피조물로서 '통과'되기 위해 미용수술을 활용할 기회가 주어지지 않았다. 그러나 유태인이나 아일랜드인, 그리고 아프리카계 미국인 등은 미용수술 산업이 자신들에게 줄 수 있는 것이 인종적으로 미개한 육체로부터의 탈출구라는 사실을 재빨리 깨달았다.

이처럼 초기의 상업적인 미용수술은 대부분 '아름다움'에 관한 것이라기보다는 '건강한' 육체로 인정받기 위한, 또는 인종적으로 다른 '병든' 육체로부터 벗어나기 위한 작업이었다. 누구나 백인 대열에 낄 수 있는 시대가 도래한 것이다. 이는 미용수술이 하나의 산업으로 성립하게 된 레종데트르(raison d'être, 존재의 이유)였다.

물론 미용수술이 궁극적으로 관심을 가진 대상은 어디까지나 백인 여성의 '아름다움'이었다. 초기에 유태인이나 아일랜드인 남자들과 관련되었던 산업은 여성들과 관련된 산업으로 신속하게 바뀌어갔다.

그렇다고 인종문제가 미용수술의 주된 관심에서 완전히 사라진 것은 아니었다. 인종적 순수성이 거의 전적으로 여성의 육체를 통해 드러나게 되었을 뿐이다. 당시의 인종차별적 과학에서는 '성 분화의 결여'를 미개함의 가장 흔한 형태로 보았다. 과학적 인종주의는 고도로 여성적인 여성과 고도로 남성적인 남성이 없는 인종들을 미개한 부류로 해석했다. 그리고 일하는 신사와 집 안의 숙녀로 나뉜 백인 중산층을 고도로 진화된 부류로 보았다. 사람들을 더 희게 보이도록 돕는 미용수술의 인종차별적 과업은, 그리하여 여성을 더 여성적으로 보이도록 돕는다는 고도의 성 차별적 과업으로 전이되었다. 성(性) 심리학자인 헨리 해브록 엘리스(Henry Havelock Ellis)는 이미 한 세기 전에 이렇게 썼다.

인종문제가 잠재된 성문제는 다가올 세대들에게 가장 중요한 문제로 대두되었다.

성문제와 인종차별은 언제나 동일한 문제였다. 성 또는 계층의 규범에서 벗어난 어떤 것들(노동조합 운동, 동성애, 매춘 등)은 늘 인종적 미개함의 한 형태로 여겨졌다. 다시 말해 남성 또는 여성으로 명확하게 성이 분화되지 않은 육체는 인종이나 계층 질서에 대한 위협으로 간주되었다. 불완전한 남성성이나 여성성의 표식을 바로잡는 것은 인종-계급의 구조에서 위로 올라가는 길이 되었다. 단지 더 희어지는 방법일 뿐만 아니라 더 높은 '계급'을 갖는 방법이기도 했던 셈이다. 그리하여 통과를 위한 인종적 과업은 아름다움을 위한 여성적 과업과 영원히 뒤얽히게 되었다.

미용수술이 인종에만 관계된 것은 아니었다. 그것은 유명인들과도 긴밀한 관계를 맺게 되었다. 1870년대가 되자 신문들은 여러 가지 미용 상품들을 광고하기 시작했다. 화장품을 비롯하여 '존중받을 만한' 여성들이 소비해야 할 상품들의 가짓수는 시간이 지날수록 늘어갔다.

더 중요한 사실은 유명인들이 미용 상품들을 추천하기 시작했다는 점이다. 광고는 그 유명인처럼 되고 싶다는, 적어도 그 사진 속 얼굴처럼 보이고 싶다는 욕구를 여성들에게 주입했다. 유명인 문화, 미용 상품, 그리고 광고는 미용수술이 하나의 산업으로 일어선 과정을 함께 한 동지들이었다. 그리하여 미국의 여성 소비자들은 결코 갖지 못할 유명인의 아름다움과 광고의 매혹적인 약속들이라는 매트릭스에 갇히게 되었다.

영화의 시대와 플라스틱

1891년 에디슨 사는 새로이 특허를 획득한 영사기 키네토스코프(kinetoscope)로 역사상 처음일 영화를 선보였다. 그로부터 불과 수년이 지나지 않아 활동사진 산업이 탄생했다. 영화시대의 개막은 우리가 우리 스스로를 보는 시각을 바꾸어 놓았다. 다시 말해 우리가 어떤 모습이 되고 싶은지를 바꾸어 놓았다.

인류학자들은 '모든 사회에서 인간은 가장 높은 지위를 가진 사람들을 모방한다.'고 말한다. 이것이 '상류층 모방'이다. 이는 일견 너무나 당연한 현상인 듯 보인다. 하지만 사진과 광고라는 쌍둥이의 출현은, 우리가 '상류층'이라고 부르는 집단을 너무도 급격하게 바꾸어 놓았다. 과거의 우리는 부모와 손위 형제, 마을의 연장자들, 또는 가장 지위가 높은 사람으로서 왕을 우러러보았다. 따라서 그들을 모방하려고 했다. 그러나 영화의 발명과 은막 스타들의 출현으로 모든 것이 변했다.

영화시대의 초기에 프랑스의 인류학자 마르셀 모스(Marcel Mauss)는 사람들이 마티네(matinee)*의 스타들을 모방하기 위해 자신의 육체를 가꾸

> * 연극이나 영화의 낮 공연 – 옮긴이

기 시작했다는 사실을 알아차렸다. 1934년 모스는 뉴욕의 병원 침대에 누워 이러한 '깨달음'을 얻었다고 썼다.

나를 돌봐주던 간호사가 걷는 모양새로 걷던 어떤 여자를, 예전 어디선가 보았다는 느낌이 들었다. 거기에 대해 곰곰이 생각해보았

다. 마침내 나는 그 여자를 영화에서 보았음을 깨달았다. 프랑스로 돌아온 나는 그 걸음걸이가 얼마나 널리 퍼졌는지 알게 되었다. 특히 파리에서 그랬다. 여자들은 분명 프랑스 사람이었지만 역시나 그런 식으로 걸었다. 영화 덕분에, 미국인의 걷는 자세가 여기까지 건너오게 되었던 것이다.

철학자 장 보드리야르(Jean Baudrillard)는 '우리가 영화 스타들처럼 보이려고 노력할 때 모방하는 대상은 실제의 인간이 아니라 인간의 표상, 즉 고유성이 없는 복사물일 뿐'이라고 지적했다. 나는 제니퍼 로페즈처럼 보이기를 바란다. 그러나 내가 제니퍼 로페즈의 실물을 만날 가능성은 별로 없다. 운이 좋아 가까이서 볼 수 있다 해도, 어쩌면 그녀를 알아보지도 못할 것이다. 결국 내가 닮고자 하는 것은 우리 문화와 내 상상 속에 녹아 있는 제니퍼 로페즈의 이미지일 뿐이다.

사진과 광고와 미용수술이 같은 시기에 산업화 되었다는 사실은 역사적인 우연이 아니라 하나의 인과방정식이라 할 수 있다.

전쟁으로 더 커진 가슴

텔레비전이나 영화의 스타들을 모방하려는 대중들이 늘면서 성형수술은 마침내 우리 모두의 필수품으로 확산되었다. 스크린에서 멋지게 보이는 육체들에게 보상을 주는 2차원적인 시각문화에 우리 모두 중독된 것이다.

스타들 말고도 우리들, 특히 여성들을 중독되도록 만든 존재가 있으니 바로 광고다. 여성들은 전체 구매의 80% 정도를 차지하는 압도적인 소비자로, 광고에 있어서도 가장 뚜렷한 소구대상이다. 광고는 여성들(이어서 남성들)에게 '자연에서는 존재할 수 없는' 육체를 원하도록 가르쳤다. 20세기의 여성이 된다는 것은 단지 화장품만이 아니라 성형수술까지 요구하는 일이 되었다.

성형외과 의사들의 첫 공식 모임과 첫 미스 아메리카 대회가 열린 것은 1921년 늦은 여름의 일이었다. 두 가지 모두 같은 것을 원했으며, 그것은 성적으로 계급적으로 인종적으로 완전한 미인들이었다. 여성의 육체에 대한 집착은 20세기 내내 미용수술계를 지배했다. 대공황이 닥쳤다가 물러갔지만 여성들을 겨냥한 미용산업계의 성장세를 늦추지는 못했다. 부유하고 유명한 사람들에서 시작된 미용수술은 계속 확산되어 중상류층에까지 퍼졌다.

제2차 세계대전은 큰 가슴에 대한 동경을 여파로 남겼다. 이는 유방 확대 수술의 증가로 이어졌다. 미국인들이 어째서 큰 가슴에 집착하게 되었는지는 매우 흥미로운 질문이다. 두 차례의 세계대전과 대공황의 박탈감이 성숙하고 풍만한 여성들에 대한 욕구를 유발했다는 이론도 있다. 또 다른 사람들은 '파운데이션 속옷 업체들' 때문이라고 주장한다. 1930년대에 처음으로 브래지어가 고안되면서 여성들은 업계가 만든 컵 사이즈에 몸을 맞추어야 했다. 그렇지 않으면 불편하게 느껴야 했다. 확실히 1950년대에는 '정상적인' 아가씨가 되어야 한다는 조바심이 젊은 아가씨들의 큰 가슴에

대한 욕구를 점점 부추겼고, 이른바
'스웨터 걸(sweater girl)*'에 대한 집착을
만들어냈던 것이 사실이다.

1959년은 미용수술의 역사에서 하나의 분수령이 된 해였다. 바비(Barbie) 인형이 미국의 장난감 시장에 등장하며 거의 대부분의 소녀들에게 수술의 도움 없이는 이루기 불가능한 체형에의 동경을 심어주었던 것이다. 바비 인형 1세대였던 문화평론가 M. G. 로드(Lord)는 그녀의 자서전에서 이렇게 썼다.

바비의 초창기에 제조사인 매텔(Mattel)은 인형을 실제의 영화 스타들처럼 보이도록 만들고자 애썼다. 하지만 오늘날에는 실제의 유명인들이 (물론 보통 사람들도) 바비를 흉내 낸다. 수술을 받은 돌리 파튼은 수술을 받은 이바나 트럼프처럼, 이바나는 수술을 받은 마이클 잭슨처럼, 마이클은 수술을 받은 조앤 리버스처럼……, 결국엔 바비처럼 보인다.

여성들, 심지어 어린 소녀들까지도 갈수록 큰 가슴에 대해 집착하게 되었다.

'가슴을 크게, 더 크게, 더 크게 해야만 해.'

C컵에 대한 열성 신자들이 되뇌고 되뇌는 말이다. 정신과 의사들은 작은 가슴에 대한 이런 스트레스를 '중대한 문제'라고 부른다. 대중잡지들과 미용서적들 또한 여성들의 가슴 사이즈에 대해 '걱정한다.' 수많은 광고들과 기사들은 여성들이 전후(戰後) 역할의 구속에

서 벗어나는 수단이 가슴이라고 의미를 가져다 붙인다.

보정속옷 브랜드 메이든폼(Maidenform)이 1949년부터 펼쳤던 〈나는 꿈꿔요〉 캠페인은 속옷 차림의 여성을 처음 광고에 등장시켰다. 광고 속 여성들은 메이든폼 브라를 입고 파리에 가거나, 정치 선거에서 승리하거나, 또는 그냥 쇼핑을 하는 모습을 '꿈꾼다.' 메이든폼의 〈꿈〉 캠페인은 '광고 속의 환상적인 상황을 통해 여성들의 독립, 로맨스, 개인적 성취, 그리고 권력과 영향력에 대한 욕구까지도 채워주는 소망 충족 심리학의 고전적인 사례'라고 할 만하다.

대중들을 만족시키고자 안달 난 성형외과 의사들은 유방 확대 실험을 시작했다. 초기의 의사들은 파라핀과 지방을 주입했다. 그러나 결과는 좋지 않았다. 종종 치명적이기도 했다.

1950년대 초에 이르러 성형외과 의사들은 의료용 스펀지 삽입을 시도했다. 스펀지는 가슴 모양을 당시 유행하던 패드 브라와 약간 비슷하게 만들어주었다. 그러나 스펀지의 실효성은 없었다. 그것은 체내에서 딱딱하게 굳기 일쑤였고, 주변의 인체조직이 다공질의 스펀지로 스며들어서 나중에는 제거하기조차 불가능했다.

의사와 환자들은 점차 실리콘을 유방에 직접 주입하는 쪽으로 방향을 바꾸었다. 매우 위험한 방법이지만 수십 년 동안 이 방식이 허용되었다.

1960년대 초가 되어서야 실리콘 임플란트가 개발되었다. 유방 내부를 단번에 가득 채울 수 있는 식염수 주머니를 삽입하는 시도도 처음 있었다. 이러한 이식술은 삽입물의 모서리가 피부를 통해 느껴지는 등 결코 완전하지는 않았지만, 어느 정도는 안정적이라고 할 수 있었다. 또한 초기의 이식술과 달리 형태의 일그러짐이 없고 제거할 때 인체조직의 손상도 일으키지 않았다.

하지만 식염수나 실리콘 임플란트가 큰 가슴을 위한 최종 해법은 아니었다. 많은 여성들이 삽입물 때문에 아프다는 불만을 제기했기 때문이다. 안전성에 대한 불안 탓에 실리콘 임플란트는 1992년 미국 시장에서 사라졌다. 나머지 나라들에서는 실리콘이 여전히 이식술의 대종을 이루고 있다.

수십 년 간의 법정 소송과 과학적 연구 끝에 전문가들의 의견은 실리콘 임플란트가 안전하다는 데 모아졌다. 그래서 2006년 미국에 실리콘이 다시 도입되었다. 그러나 합법적이고 아니고를 떠나서, 실리콘 임플란트를 받은 수많은 여성들과 그것들을 이식한 성형외과 의사들의 경험 사이에는 큰 간극이 남아 있다.

실리콘 임플란트 수술을 실행한 의사들은 거듭 그것이 '완벽하게 안전'하다고 주장한다. 반면 수많은 여성들은 수술을 받은 이후로 가슴이 아프다고 호소한다.

식염수 임플란트 역시 완전하지 않다. 케이시 롱(Kacey Long)은 《임플란트를 꺼내라》에서 식염수 임플란트가 더 안전하다는 일각의 주장에 대해 격분하고 있다. 그녀는 임플란트 수술 후 류머티즘 관절염을 앓기 시작했으며 삽입물을 제거하자 나아졌다고 주장한다.

임플란트 수술의 안전성에 대한 진실이 무엇이든, 유방은 여전히 수십 년 동안 미용수술과 여성미용 분야의 핵심부를 차지하고 있다. 1968년 9월 여성운동가들이 애틀랜틱시티의 미스 아메리카 대회장 앞에 모여 브라를 불태우며 '골빈 가슴 처녀들의 모멸적인 파티'라고 외쳤던 일은 이와 무관치 않다. 실제로 20세기 중반의 미국에서는 임플란트 수술보다 브라가 여성의 억압을 대변한다고 인식되었다. 여성운동가들은 가슴이 우뚝 솟아보이도록 패드를 댄 브라는 '여성의 육체가 외부의 도움 없이는 더 이상 아름답지 못하다는 인식을 그대로 드러내고 있다.'고 비판했다. 그러면서 브라를 불태우는 시위를 주도했다. 물론 시위 중 브라를 태우는 쪽이 임플란트 유방을 태우는 쪽보다 쉽기도 했을 것이다.

여성운동가들의 반발에도 불구하고 미용수술은 계속 번창했다. 이후 수십 년 동안 여성운동가들의 브라 화형식이 간간히 되풀이되는 와중에도 말이다. 적어도 특정한 여성들과 소수의 남성들을 대상으로는 그러했다.

심지어는 '수술은 여성의 권리 강화'라는 명분까지 만들어졌다. 미용수술 전문의들은 여성들에게 자신의 권리를 하나의 '선택권'으로서 주체적으로 행사하라고 촉구했다. 그리고 미용수술, 특히 유방 임플란트와 지방흡입 수술을 받는 것은 여성들의 사회적 성공을 위해 필수적인 투자라고 장담했다. 이 시기 여성들의 노동 참여율은 급격히 증가하여 전체 노동자의 약 3분의 1에서 절반에 약간 못 미치는 정도까지 늘어났다. 자신의 육체에 투자하라는 말은 완벽하게 이치에 닿았다.

낸시 레이건이 수술 덕에 팽팽해진 얼굴로 퍼스트레이디가 된 1981년에는 성형수술이 미국 의학계에서 가장 빨리 성장하는 전문 분야로 각광을 받았다.

1982년부터 성형외과 의사와 여타 의학 전문가들에게 광고가 처음으로 허용되었다. 미용수술 광고는 금세 호황을 이루었다.

의료 광고에 대한 규제 완화와 함께 레이건 시절에는 지방흡입술도 미국 시장에 소개되었다. 초기에는 폐색전에 의한 사망사고 등 문제가 좀 있었지만, 지방흡입은 미국에서 가장 대중적인 외과적 성형수술 가운데 하나로 성장했다. 하지만 '신이 혹시 성형외과 의사가 아닌가' 싶은 의심이 들 정도로, 역설적이게도 미국인들은 더 뚱뚱해지기 시작했다. 1980년에서 2000년까지 비만율이 두 배로 늘어난 것이다.

1988년에 약 150만 명의 미국인들이 몇몇 종류의 성형외과 수술에 돈을 지불했고, 그 덕에 유방 임플란트와 지방흡입은 가장 대중적인 수술이 되었다. 그리고 대다수가 여성인 성형수술 구매자들은 부유하거나 유명한 사람이 아니었다. 한 조사에 따르면 그들 가운데 거의 절반이 연소득 2만 5,000달러 이하였다.

1997년에는 200만 명 이상의 미국인들이 외과적 또는 비외과적 수술을 받기 위해 면허 있는 미용수술 전문의들을 찾아갔다. 이는 사실상 '훨씬 더 많은' 미국인들이 '작업'을 받았다는 의미다. 통계 데이터는 미국미용성형외과협회(ASAPS)에 등록된 전문의 집단만을 대상으로 집계한 것인데, 실제로는 의료 시술자라면 누구나 다 미용수술을 할 수 있도록 허용 되어 있었기 때문이다. 미국인들이 받는 가장 흔한 외과수술은 지방흡입이었으며, 쌍꺼풀과 유방 성형이 뒤를 이었다.

불과 2년 후인 1999년에는 이 수치가 두 배 이상으로 치솟아 면허 있는 성형외과 의사를 찾은 미국인들이 460만 명에 달했다. 가장 인기 있는 수술은 역시 지방흡입과 유방 확대였다.

갈수록 심해지는 미국인들의 성형미용은 경기 하강과 테러 공격에도 건재했다. 2000년의 미용수술 건수는 570만 건으로 3년 만에 173% 증가했다. 2001년에는 850만 명의 미국인들이 미용수술을 받았다. 2002년에 이 수치는 690만 명으로 약간 떨어졌다. 9 · 11이라는 국가적 비극 탓이었다. 그러나 이도 잠깐, 2004년에는 거의 1,200만 명까지 올라갔다. 2008년이 되자 1,020만 명으로 조금 내려앉았는데, 아마도 경제 불황과 관련이 있을 것으로 보인다. 그러나 이는 상당수의 환자들이 보다 저렴한 시술을 받기 위해 미국 밖으로 나가거나 면허가 없는 여타 시술자를 찾았기 때문일 가능성도 있다. 실제로 보톡스 같은 미용시술은 외과의사가 아닌 미용사나 미용 제품 공급자들에 의해 행해지는 경우가 갈수록 늘고 있다.

2008년의 진짜 큰 뉴스는 유방 임플란트가 지방흡입을 앞질러 가장 인기 있는 수술이 되었다는 것이다. 이는 2007년 이후로 거의 90%의 미용수술 환자들이 여성이라는 사실에 힘입은 결과다.

왜 여성들이 가슴 수술을 가장 많이 원하는지는 분명치 않다. 미국미용성형외과협회(ASAPS)의 회장인 앨런 골드(Alan Gold)는 패션의 변화와 관련이 있다는 해석을 내놓았다.

"관련 통계가 집계된 이후 12년 만에 처음으로 지방흡입이 대중성에서 유방 확대에 밀렸습니다. 아마도 가슴을 훤하게 드러내는 데콜따쥬(décolletage) 스타일 같은 패션의 변화 때문 아닐까요?"

그 말이 맞을지 모른다. 아니면 경기 하강 국면에서 일어난 여성의 심리 변화 때문일 수도 있다. 이처럼 경기 하강기의 여성들이 작은 사치를 통해 미에 집착하는 현상을 흔히 립스틱 효과라고 부른다. 그런데 어려운 시기일수록 왜 여자들은 립스틱과 유방 성형을 위해 돈을 들이고 남자들은 넥타이를 구입하는 것일까? 남자들의 경우, 실제로는 그렇지 못하더라도 경제적으로 잘 나가고 있다고 보일 필요가 있는 때문일 것이다. 반면 여자들의 경제적 안정이란 온전히 얼마나 아름답게 보이느냐에 달려 있다. 시몬 드 보부아르(Simone de Beauvoir)가《제2의 성》에서 말했듯이, "화장은 꾸밈만이 아니라 (…) 여성의 사회적 상황을 나타낸다."

플라스틱의 세계화

성형미용의 확산은 어째서 1980년대를 휩쓸었을까? 미용수술의 수요자들은 어째서 대부분 백인 여성이었을까? 미용수술 산업이 팽창한 의미를 알아내고자 여러 학자들이 애를 썼다. 그 가운데 수전 팔루디(Susan Faludi)의 주장이 유명하다.

팔루디는 미용수술을 포함한 미용산업이 1970년대와 1980년대에 여성들이 얻어낸 것들에 대한 더 큰 반발의 일부라고 말했다. 여성들이 직업적으로 더 많은 진전을 이룰수록, 다른 것들은 제쳐두고라도, 끝없이 증가하는 미용 작업의 필요성이라는 벌을 더 받아야만 했다는 것이다.

이와 비슷한 주장을 나오미 울프(Naomi Wolf)는《미의 신화》에서 펼쳤다. 울프 역시 미용산업이 미용수술을 포함한 상품들의 끝없는 소비를 통해서만 충족될 수 있는 '수요'를 여성들에게 주입했다고 보았다.

이 같은 페미니스트들의 해석들은 10여 년 동안 긴 공방을 거듭했다. 반대편 학자들은 여성을 미용수술 산업의 '희생자.'로 몰고 가는 것은 설득력이 없을 뿐 아니라, 여성들이 미를 추구하면서 실생활에서 느끼는 즐거움과 만족을 설명하지 못한다고 반박했다.

여성이 미용수술을 받는 이유는 미용산업으로부터 사기를 당했기 때문이 아니라, 사회적 권력을 획득하는 가장 합리적인 방식이 바로 성형이기 때문이라고 주장한 최초의 인물은《여성의 몸을 바꿔라》를 쓴 케이시 데이비스(Kathy Davis)다. 데이비스의 책은 네덜란드에서 이루어진 사회학적 조사를 근거로 집필되었다. 네덜란드는 미용수술 비용을 종종 국민보건서비스에서 보전해주기도 하는 나라다. 성형미용에 들어가는 높은 비용이 배제된 이러한 상황에서 미용수술을 받는다는 것은 하나의 합리적 결정으로 볼 수 있다고 데이비스는 주장한다. 데이비스는 우리에게 "여성이 처한 복잡하고 딜레마 같은 상황에서, 문제이자 해법이요 억압이자 해방이고 모든 것이 뭉뚱그려진 미용수술을 고려해보라!"고 주문한다. 아름다움의 기준에 더 많이 근접한 여성들이 실제로 직장이나 가정에서 더 나은 대접을 받는다는 점을 인정할 때, 그 기준에 더 가깝게 육체를 바꾸는 것은 완벽하게 합리적인 선택이라는 뜻이다.

데보라 코슬라프 코비노(Deborah Coslav Covino)는《비참한 몸을 고쳐라》에서 데이비스의 주장에 동의한다. 그녀는 수술을 받는 것이 '자의식에 의한 분별 있는 결정'일 수 있으며, 그것은 우리의 문화에서 그토록 핵심적인 육체가 비참하다는 현실과 자아에 대한 의식을 조화시키려는 노력에 따른 것이라고 해석했다.

또 다른 학자들은 미용수술을 더 큰 '육체 프로젝트'의 일부로 보았다. 육체를 완벽해질 수 있는 존재로 보고 거기에 집착하는 경향은, 1970년대 모든 연령대의 여성과 남성들에게 '운동 문화'가 보급되면서 이것이 미국 문화의 중심으로 들어서게 된 사정과 무관치 않다는 것이다. 데브라 김린(Debra Gimlin)은 다음과 같이 지적했다.

몸 가꾸기 열풍이 시작된 지 거의 40년이 지나도록 육체 운동의 인기는 수그러들 기미를 보이지 않는다. 미국 전역에 걸쳐 여성들은 근육을 만들려고 역기를 든다. 수분 잔류를 줄이려고 해초로 몸을 감싼다. 체육관 트랙과 공공도로와 산길에서 조깅을 한다. 매주 지역 다이어트센터의 계체량 측정 프로그램에 참석한다. 그리고 신체의 외양을 바꾸어준다는 활동이라면 몇 가지가 되었든 모두 참가한다.

이런 맥락에서 보면, 미용수술은 우리의 외양을 바꿈으로써 스스로를 '더 낫게' 만들려는 큰 프로젝트의 일부임이 분명하다.

더 최근의 연구들은 미용수술이 광범위한 세계경제 속에서, 특히 우리들 중 상당수를 해고하고 우리들 거의 대다수를 불확실한 미래로 내몬 경제 위기 속에서 어떤 위치를 차지하게 되었는지에 초점을 맞춘다. 이들에 따르면 육체가 하나의 상품으로 취급되는 문화 속에서, 우리는 육체적인 미와 그 상품성에 '투자'할 수밖에 달리 선택권

이 없다는 것이다.

앤서니 앨리엇(Anthony Elliot)은 《커트라인 통과》에서 미용성형이 세계화의 직접적인 결과물이라고 주장한다. 완벽한 육체를 만들고자 하는 우리의 새로운 집착은, 최근 직장과 집에서 직면하게 된 급격한 불안정의 결과라는 것이다. 이 같은 사회적 경제적 환경 속에서 우리의 보잘 것 없는 위상이 "미용수술 문화를 과잉, 공포, 근심, 우울의 하나로 만들고 있다. (…) 세계적인 전자 경제로 촉진된 거대하고 단기적인 문화는 (…) 개인이 점점 더 육체적인 차원에서 해소해야 하는 근본적인 근심과 불안을 가져왔다."

플라스틱의 이데올로기

엘리엇이 옳다. 성형수술의 확산은 세계화의 직접적인 결과물이다. 길먼도 옳다. 우리의 문화적 지평에 놓인 거대한 플라스틱의 존재는 새로운 형태의 우생학이며, 우리의 핵심적 특성이자 다양한 기술적 혁신의 지표인 육체에 대해 다시 발동된 집착이다.

울프와 같이 미용수술 산업을 비판했던 초기의 페미니스트들 역시 옳았다. 우리 문화에는 특정한 육체에 대한 공포와 혐오의 패턴이 분명 존재한다. 그 공포와 혐오는, 백인이고 나이 든 여성의 경우, 미용시술에 대한 수요를 통해 드러난다. 흑인 여성과 게이 남성, 그 밖에 우리가 기꺼이 싫어하는 여타 육체들에서는 그것이 다르게 표출된다.

성형미용은 페미니스트의 이슈이자 동시에 인종적, 그리고 재정적 문제다. 데이비스와 마찬가지로 나 역시 성형미용의 소비자들은 자신들이 만들지 않은 상황 하에서 나름대로 최선을 다하고 있는 중이라고 생각한다.

미용수술 이야기는 요컨대 자동차 이야기와 그다지 다르지 않다. 우리가 수술 받기를 원치 않는다 할지라도 달리 무슨 선택이 있겠는가? 그냥 추하게 살라고? 그럼 우리가 어딘가에 도달이나 할 수 있을까? 잘 나가기 위해서 꼭 차를 탈 필요는 없다고, 보톡스를 맞을 필요는 없다고, 또는 백발을 염색할 필요는 없다고 생각한다면, 그것은 개인의 권리라기보다는 현실에 대해 극히 무지하다는 표식에 더 가깝다.

그러나 뭔가 다른 것이 또 있다. 보편적이지는 않지만 특수한 무엇이 말이다.

플라스틱은 미국인의 정체성이다. 플라스틱 머니가 이 모든 것의 중심에 놓여 있다. 플라스틱 머니를 개척한 나라가 미국이며, 미국인들은 현재의 재정을 충당하기 위해 플라스틱 머니(부채)를 기꺼이 사용하여 세계를 이끌어가고 있다.

플라스틱 머니의 '위험 부담'을 기꺼이 떠안으려는 이런 태도는 경제학자들이 말하는 미국인의 '낙관 편향(optimism bias)'에 뿌리를 두고 있다. 미국인들은 다른 어느 민족보다도 미래가 항상 더 나아질 것이라고 낙관하는 경향이 강하다. 거기에는 무한히 바꿀 수 있는 우리 자신, 언제나 개선할 수 있는 우리 자신의 상징으로서 플라스틱을 보는 이상한 미국적 신념이 작용한다. 민족적 특성이라는 것이 실재한다면, 미국인의 민족적 특성은 자기 개선이라고 해야 할 것이다.

한때 '극렬개인주의(rugged individualism)'로 불리다가 나중에 '개인적 책임(personal responsibility)'의 하나가 된 '플라스틱 이데올로기'가 자본주의의 태동기부터 우리 문화에 스며들었다. 플라스틱 이데올로기는 우리가 각자 자기 자신에 대해 책임을 져야 하며, 단지 열심히 일하기만 한다면 우리 모두 그 책임을 다할 기회를 가진다고 주장한다. 이에 따르면 미용을 열심히 하는 것도 우리 모두의 의무다. 이를 이행하지 않는다면, 우리는 낮은 급여나 건강보험 비수급, 또는 미혼인 채로 외로운 미래를 맞아 마땅하다. 참으로 흥미로운 이데올로기다. 자본주의와 함께 자라난 이 이데올로기는 국가를 국민 개개인에 대한 책임으로부터 해방시키고, 실패를 구조적인 문제가 아니라 각 개인의 사적인 문제로 여기도록 만들었다.

성형미용의 의미에 대한 이전 연구들과 이 책이 다른 부분이 바로 여기다. 나는 미국의 특정한 역사적 조건들 속에서 문화와 경제를 들여다본다. 나는 미용수술의 확산이 여성에 대한 어떤 반감, 특히 1970년대와 1980년대에 더 많은 권리를 달라고 주장했던 백인, 중년, 중산층 여성에 대한 반감의 결과라는 페미니스트적 분석에 동의한다. 나는 근대의 시민들이 아름다움에는 확실히 이점이 있다는 사실을 인정하면서 적극적으로 이를 쟁취하기 위해 선택한 방법이 성형미용이라는 의견에도 동의한다.

그러나 이러한 분석들은 경제와는 완벽하게 들어맞지 않는다. 엘리엇이 미용수술을 세계경제 속에 놓고 파악하기는 했지만, 그는 플라스틱이 궁극적으로 미국적인 이데올로기라는 개념을 놓쳤다. 미국이란 나라는 신발의 끈이든 잔등의 지방이든, 그것을 잡아당겨 자신을 '들어 올리는' 곳이다. 개인주의 이데올로기를 표현하는 미래의 경구가 무엇이 되었건 말이다.

자아에 대한 이데올로기들이 미국에만 국한되지는 않을 것이다. 그러나 세계경제의 험난한 개척지에 풀려난 자아는 미국의 것이다. 미국의 이데올로기는 자아를 하나의 부유성(浮游性) 주체로 그려낸다. 이 미국적 자아들은 현대판 카우보이처럼 자신 외에는 어느 누구에게도 책임을 지지 않는다. 누구의 또는 무엇의 지원도 없이 활짝 열린 시장으로 달려 나간다.

플라스틱 이데올로기와 무한한 기회가 대다수 미국인들이 겪었던 현실과 그토록 동떨어져 있다는 사실은 신념과 경험 사이에 커다란 괴리를 만들었다. 미국인들이 다른 산업국가 국민들보다 더 긴 시간을 일하도록 배웠다 하더라도, 대다수의 미국인들이 더 부유해진 것이 아니라 더 가난해졌다고 하더라도, 미국인들은 플라스틱 공화국에 대한 믿음에 매달렸다. 이 괴리는 불안을 야기하고, 그 불안은 하나의 문화적인 형태로 드러났다.

제 3 장

아메리칸 드림과 플라스틱

2007년 2월의 어느 금요일 아침, 나는 수천 명의 다른 미국인들을 따라 플로리다 주 포트로더데일에 있는 브로워드카운티 컨벤션센터의 보안검문소에 몸을 밀어 넣었다. 컨벤션센터 입구에는 도로의 통행차량들에나 사용하던 보안 점검 장치가 설치되어 있었다. 당혹스러웠다. 컨벤션센터에 왜 이런 과도한 보안이 필요한 것일까? 9·11 이후의 히스테리가 극에 달한 때문일까? 하지만 대체 누가 브로워드카운티 컨벤션센터를 테러의 목표로 삼으려 한단 말인가? 펜타곤처럼 미국의 힘을 상징하는 건물도 아니고.

이제 그 이유를 알게 되었다고 나는 생각한다. 그날 나를 포함해 컨벤션센터에 갔던 모든 참가자들이, 사실은 미국 그 자체였던 것이다. 그때 브로워드카운티 컨벤션센터에서는 미국인의 정체성과 열망을 주제로 세 가지 이벤트를 마련하고 있었다. 앤티크 카 전시회, 아기 쇼, 그리고 미용수술 박람회.

육체 담보 서브프라임 모기지

거대한 시멘트 괴물 같은 빌딩 안으로 들어선 사람들은 경탄과 욕망의 눈길로 전시물들을 구경하기 시작했다. 완벽하게 복원된 1966년식 빨간 머스탱, 버튼 하나만 누르면 깔끔한 패키지로 접히는 기가 막힌 디자인의 스웨덴 유모차, 그리고 각양각색의 형태와 사이즈로 나와 있는 수많은 유방 임플란트용 실리콘 등등.

골동품 자동차를 보러온 사람들과 기저귀 처리 방식에 관심이 있는 사람들 사이의 차이점을 찾아보기 위해 나는 한동안 홀을 훑어보았다. 그들과 최신 주름 제거 수술에 대한 정보를 찾는 사람들을 구별할 수 있을까? 그러나 각각의 컨벤션 참가자들을 가려내기란 쉽지 않았다. 사람들은 모두 지극히 평범하게 보였다. 대다수는 백인에, 대다수는 나이 들었고, 대다수는 조잡한 여행복을 입었으며, 적당히 성별을 드러냈다. 특별히 멋진 옷차림을 한 사람은 별로 없었다. 모두들 몸통 가운데가 불룩했다. 그리고 사람들은 모두 다 같은 것을 찾고 있었다. 바로 '완벽'이었다. 완벽한 자동차, 완벽한 아기, 완벽한 몸.

미국 경제를 몰고 가는 힘은 소비를 통한 완벽의 추구다. 미국 국내총생산(GDP)의 70%는 소비에 의존한다. 그 소비는 TV, 잡지, 그리고 여타 문화적 각본 등 여러 힘들이 만들어낸 결과다. 또한 그것은 우리의 경제와 정치에서 일어난 극적인 변화들의 결과이기도 하다. 빌 클린턴 진영으로부터 한 마디 빌리자면, 우리가 점점 더 많이 미용수술을 소비하는 이유는 단지 우리로 하여금 그렇게 하도록 지시한 문화 때문만이 아니라 '이 빌어먹을 경제!' 때문이기도 하다.

더 친숙한 경제학적 사례 하나를 떠올려 보자. 서브프라임 모기지 사태다. 미국 문화는 우리들에게 주택 소유자가 되기를 원하라고 가르쳤다. '진짜 가족은 집에 산다. 중산층은 집을 원한다. 모든 사람은 집을 원한다.' 그러나 이것은 은행들이 서브프라임 모기지 같은 '금융상품'을 만들 수 있도록 허용하기 이전에는 현실이 아니었다.

서브프라임 모기지는 새로운 소비자 집단을 타깃으로 삼았다. 주택을 처음 소유하는 유색인종들 말이다. 서브프라임 모기지 담보자들의 약 80%가 흑인이나 라틴계였다. 인구비율로는 27%에 불과한 사람들이다. 서브프라임 모기지를 가진 사람 중 20%는 정상적인 모기지를 받을 자격이 되었겠지만, 그들은 부채 기구(debt vehicle)* 라는 알쏭달쏭한 새 방식으로 떠밀려갔다. 그리고 결국은 초고금리로 그들의 재산이 빨려 들어가고 말았다.

> *금융기관이 자산을 담보로 잡을 때 가공의 회사를 내세워 조각 낸 담보자산을 유동화하는 방식으로, 'vehicle'이라는 말은 그런 가공의 회사들이 대차대조표에서 부채를 덜어내는 기구라는 뜻 – 옮긴이

그 결과 은행들은 어마어마한 수익을, 꿈을 좇던 미국인들은 파산과 압류라는 악몽을 맛보았다. 2009년 전체 서브프라임 대출의 4분의 1이 압류에 들어갔고, 580만 채 이상의 집이 압류 위기에 몰렸다.

왜 그들은 거기에 동의했을까? 그런 대출에 서명한 사람들이 '탐욕스럽거나 어리석은' 탓이었을까? '보다 나은 삶을 누리려 애쓰는 여느 미국인들'보다 더 그렇지는 않았을 것이다. 의료신용을 받은 미용수술 환자들보다 더 그렇지는 않았을 것이다. 그들은 단지 경험이 없어 잘 몰랐을 뿐이다. 그래서 은행들로부터 파렴치하게 이용당했을 뿐이다.

1994년에서 2005년 사이에 서브프라임 대출은 350억 달러에서 6,600억 달러 규모로 커졌다. 이는 경제학자들이 흔히 일컫는 '정보의 불균형(information asymmetry)'이라는 사소한 문제 때문에 일어난 일이다. 은행들은 깨알 같이 인쇄된 그 서류가 무엇을 의미하는지 속

속들이 알고 있었고, 주택 소유자들은 그렇지 못했다는 것이다.

그러나 미국의 플라스틱 경제를 일으킨 요인은 또 있다. 국가가 은행의 이윤 창출 방식을 규제하지 않고 물러섰다는 점이다. 은행들이 마음대로 이자율을 매길 수 있도록 허용한 것은 레이건 시절부터였다. 그의 임기 동안 통과된 것이 예금금융기관 규제 완화 및 통화관리법(Depository Institutions Deregulation and Monetary Control Act)을 포함한 일괄법안이다. 이는 근본적으로 은행에 대한 국가의 규제가 끝났음을 의미했다.

하지만 은행들은 1990년대 이전에는 고위험 고이율 형태의 여신에 도박을 걸지 않았다. 그런데 1990년대에 들어서자 대다수 미국인들의 재정 상태가 1980년대보다 더 나빠졌다. 이제 아메리칸 드림의 성취는 거의 불가능해 보였다. 더 높은 이자율로 더 많은 부채를 얻는 것만이 유일한 대안이었다. 시대의 논리 속에서, 사람들은 앞으로 나아가고자 자발적으로 위험들을 떠안아야만 했다.

미용수술을 위한 부채는 말하자면 육체를 담보로 잡힌 서브프라임 모기지다. 금융기관들의 경우처럼 도시의 주택 소유자가 아니라 노동자와 중산층 백인 여성들을 노렸다는 점이 다를 뿐이다.

의료신용 회사들은, 심지어 수술로 이익을 얻는 성형외과 의사들도, 비정상적으로 높은 이율로 많은 빚을 내라고 일부 사람들을 부추겼다. 더 나은 삶으로 가는 길로서 더 나은 육체를 추구해야 한다는 것이 명분이었다.

그러나 서브프라임 모기지 사태와 미용수술의 현재는 미국의 '새로운 이데올로기 혁명'이 아니었으면 결코 없었을 것이다. 그 혁명이 신용에 대한 규제를 완화했다. 그 혁명이 의료기관을 영리 추구 기업이 될 수 있도록 허용했다. 더 많은 미국인들이 더 큰 부채를 떠안도록, 의학이 스스로를 판매하도록 허용한 것은 무엇을 의미하는가. 이로 인해 육체를 바꾸면 삶도 바뀔 것이라고 기대하는 미국인들이 플라스틱 수술에 따르는 비용을 플라스틱 머니로 치르게 되었다. 미국이라는 플라스틱 공화국의 무대를 펼친 그 혁명은 정치적임과 동시에 경제적이었다. 이 혁명의 이름은 신자유주의다.

신자유주의와 플라스틱의 범람

대공황 기간에 대부분의 정치가와 경제학자들은 케인즈 경제 정책의 옹호자가 되었다. 존 메이너드 케인즈의 이론에 바탕을 둔 케인즈 경제학은 '국가의 적극적인 개입이 자본주의의 번영을 유지하는 최선의 길'이라고 강조한다. 국가가 나서서 시장을 규제하고, 사회안전망을 만들기 위해 비용을 지출해야 한다는 것이다. 사회보장과 의료보험 등 현재까지 유지되고 있는 뉴딜 정책의 모든 프로그램들은 이러한 케인즈 이론의 산물이었다.

　1970년대 들어 경기침체가 고착되고 위대한 성장의 시대가 막을 내림에 따라 경제학자와 정치가들을 휘어잡았던 케인즈 경제학도 힘을 잃어갔다. 그 결과 정치와 경제 양 분야에서 혁명이 일어났다. 이 혁명으로 형성된 경제 정책과 이데올로기는 '개인적인 완벽'을 단지 달성 가능한 과업이 아니라 필수적인 목표로 만들었다.

1980년대의 경제 혁명은 하나의 특정한 경제학파에 근거를 두고 있다. 특히 밀턴 프리드먼(Milton Friedman)의 이론과 관련이 깊다. 프리드먼과 그가 퍼뜨린 시카고 경제학파는 '뉴딜 정책과 그것이 짜놓은 사회안전망을 걷어내야 한다.'고 믿었다. 정부의 규제를 전혀 받지 않을 때 자본주의가 가장 원활하게 작동한다고 본 것이다. 오늘날 신자유주의라고 일컫는 사고방식이 바로 이것이다.

개인은 다양한 형태의 계약들을 맺을 '선택의 자유'를 가진다. 개인은 고용자나 국가, 또는 미용수술 전문의와도 계약을 맺을 수 있다. 개인이 이러한 자유를 효과적으로 행사하려면 국가의 개입이나 규제가 일절 없어야 한다. 사실 국가는 원활한 시장을 위한 통신(정보고속도로)과 표준화(세계화)를 장려하며 스스로의 역할을 줄여 나갔다.

국가는 또한 노동자의 요구를 적극적으로 억눌러야 했다. 그렇게 함으로써 시장이 번성할 수 있는 여건을 조성하는 한편 이전에는 시장의 바깥에 있던 학교, 수도, 의료 등의 민간 운영을 정당화할 수 있다. 신자유주의 이면에 놓인 동력은 탐욕이 (적어도 의식적으로는) 아니라 '시장과 교역의 자유에 의해 개인의 자유가 보장되어야 한다.'는 신념이다.

신보수주의 지도자들은 개인이 국가의 규제를 받지 않고 시장에서 자유롭게 활동하도록 만들어준다는 명목으로 기존의 모든 규제들을 풀어주었다. 레이거노믹스 혹은 '적하 경제학' 등의 정책들은 아주 단순한 믿음에 근거를 두고 있다. 부자들에 대한 세금을 낮추어 부자들이 그만큼 더 돈을 쓰고 소비하도록 해주면 경제를 성장시킬 수 있다는 것이다.

이런 정책의 필연적인 결론은, 세수가 줄어드는 만큼 정부의 (사회 보장 프로그램들에 대한, 그러나 국방 부문은 제외한) 지출을 줄여야 한다는 것이다. 위대한 신자유주의 철학자인 레이건은 언젠가 말했다.

"이전 그 어느 때보다 더 많은 국가들이 자유기업, 낮은 세금, 그리고 개방적인 세계 교역이라는 미국의 혁명적인 경제 메시지에 따르고 있습니다. 요즈음 내가 외국의 지도자들을 만날 때마다 그들은 세금 삭감을 비롯한 경제 개혁 계획들에 대해 이야기합니다. 그들이 하고 있는 개혁들은 우리가 여기, 우리의 나라에서 해왔던 바를 모방한 것입니다."

1981년 8월 자신의 목장에서 휴가를 즐기던 중, 레이건은 아마도 신자유주의 경제 정책의 백미라 할 한 건의 법안에 서명했다. 어쩌면 일부러 드라마 속의 유잉 가족의 일원처럼 보이려고 그랬는지, 하얀 카우보이모자에 카우보이 부츠를 신고 엄청난 부를 온통 드러낸 레이건이 서명한 법안은 '경제회복조세법'이었다. 그 법안은 장담했다. 우리가 더 많은 돈을 부자에게 주기만 하면, 우리들도 TV에서 본 마술적인 인물들만큼 부유해질 수 있다고.

하지만 이 법안, 더 포괄적으로 말해서 적하 경제학의 결과는 대다수의 미국인들에게 부를 가져다주지 못했다. 사실은 더 많은 돈이 부자에게 주어질수록 부자들은 더 부유해졌지만, 보통의 미국인들에게는 갈수록 적어지는 공공서비스만이 남았다. 이에 반발하는 노동운동은 연방정부에 의해 지속적이고 의도적인 단압을 받았나. 내 다수의 미국인들은 더 많은 빚을 떠안고 결과적으로 훨씬 더 가난해졌다.

이 시기 동안에 대체로 경제는 성장했지만, 부는 더 적은 미국인들의 손에 집중되었다. 미국정치학회의 '불평등과 미국 민주주의에 대한 태스크포스 팀'에 따르면, 미국과 영국과 프랑스는 모두 1970년대까지는 어떻게든 불평등을 줄여왔지만 1998년 이후 미국만이 극적으로 변했다고 한다.

"미국에서 최상위 부자들이 차지하는 소득의 비율은 영국이나 프랑스보다 두세 배 높다."

레이건이 부자들의 세금을 감면해주고 산업의 탈규제를 시행한 지 10년이 지나자, 미국은 전 세계 산업국가들 가운데 소득 분배가 가장 불평등한 나라가 되었다.

경제 불안이 가중되자 개인의 책임이라는 이데올로기는 더욱 맹렬히 기세를 올렸고, 수많은 미국인들로 하여금 자신의 경제적 불안에 대해 '개인적 해법'을 찾도록 유도했다. 레이건이 옹호한 경제 혁명은 개인의 복지가 개인 자신의, 오로지 그 자신만의 책임이라는 개념에 기반을 두고 있었다. 레이건은 이렇게 말했다.

"정부는 문제를 해결해주지 않습니다. 정부의 보조금은 문제를 가중시킬 뿐입니다. 영어에서 가장 끔찍한 문장은 '나는 정부에서 나왔으며, 여러분이 문제를 해결하도록 도와주려고 여기에 왔다.'라는 말입니다."

신자유주의 이데올로기 안에서 우리 모두는 우리가 가진 문제들이 우리의 것이며, 오로지 우리들만의 몫이라고 믿어야만 했다. 한 사람의 실업은 그 사람 개인의 이슈였다. 1,500만 국민들의 실업도 여전히 각 개인들의 이슈였다. 신자유주의 수사법에 대한 한 분석은, '갈수록 많은 공공의 이슈들이 개인적인 생활양식상의 애로와 문제들로 규정되었다.'고 지적한다. 개인이 어떻게 더 나은 삶을 얻느냐 하는 문제는 오로지 각 개인에게 맡겨질 뿐, 국가와 사회의 목표는 아닌 것이 되었다. 이렇게 개인이 '해방'됨과 동시에, 의료나 금융 같은 영리 추구 산업도 국가의 규제로부터 해방되어 새로 자유를 얻은 개인들로부터 더 쉽게 부를 뽑아먹을 수 있게 되었다.

그러나 이는 단지 위로부터의, 그리고 위를 위한 혁명에 그치지 않았다. '부자에게 좋은 것이 우리 모두에게도 좋다.'는 신자유주의의 이념은 아래와 중간으로부터도 표출되어 나왔다. 저널리스트 토머스 프랭크(Thomas Frank)는 《캔자스에 무슨 일이?》에서 이렇게 전했다.

"중산층 및 노동자 계층의 미국인들 상당수가 '신자유주의 경제 정책이 (모든 반대 증거에도 불구하고) 자신들에게도 유리하다.'고 생각하기 시작했다."

적하 경제학이라는 정책들을 통해 부자를 돕는 신자유주의의 꿈이 보통의 미국인들에게 '반(反)엘리트주의'의 이미지로 먹혀들었다는 점은 참으로 아이러니하다.

이처럼 위로부터 시행된 경제 정책들이 아래로부터도 대중적인 지지를 얻으며 미국인의 육체(정치체제와 말 그대로의 육체 모두)는 이 새로운 질서의 자발적인 인질이 되었다. 의료산업의 규제를 풀고 금융업이 새로운 형태의 신용을 창출하도록 허용해서 대다수 국민들을 경제적으로 더 불안하게 만든 신자유주의는, 마침내 평범한 미국인들의 육체에 성형수술이라는 형태로 아로새겨졌다.

불안한가? 쇼핑을 하라!

친기업적인 경제 정책들과 신자유주의의 이념적 주장에 대중들의 수용이 결합된 것은, 의료보험 비용을 규제한다거나 노동자의 최저 생계비를 법으로 정하는 등의 일에 관심을 갖는다는 뜻이 아니었다. 대신 미국인들이 자신과 자신의 여건을 완벽하게 만드는 과업에 끌려 들어감을 의미했다. 미국인들은 경제 불안에 대한 최선의 대책으로 쇼핑을 결심했던 것이다. 미래의 안정은 집단행동이 아니라 완벽한 집, 완벽한 주방, 완벽한 아이, 또는 완벽한 육체를 만들어내는 개인적 과업의 성취 여부에 달려 있다고 미국인들은 믿었다.

더 나은 삶을 위한 쇼핑은 하나의 경제적 전략으로서 가장 먼저 취해야 할 '합리적 반응'일 수도 있다. 그러나 모든 사람들이 아메리칸 드림을 구매하려고 나선 뒤, 쇼핑은 재정 불안정에 대한 '비효율적인 반응'이 되고 말았다. 경제학자 로버트 프랭크(Robert H. Frank)는 이렇게 말했다.

적당한 옷을 입고 적당한 차를 몰고 적당한 시계를 차고 적당한 동네에서 사는 정도라면, 적당한 직업을 얻는 데 도움이 될 수도 있다. 거기에 들어가는 비용은 순수한 소비라기보다는 투자에 가깝다. 그러나 집단이라는 관점에서 보면, 그것들은 지극히 비효율적인 투자다. 우리 모두가 동시에 더 소비하면 거기서 돌아오는 수익은 제로에 가깝게 떨어지기 때문이다.

그렇다. 더 많은 사람들이 가짜 유방과 주름 없는 얼굴을 사면 살수록, 그런 투자가 우리들의 경쟁력을 높이는 효과는 점점 작아진다.

우리는 함정에 빠져버렸다. 우리는 우리가 점점 가난해져왔다는 사실을 알고 있다. 미래는 밝지 못하다. 그런데 우리는 또한 그것이 우리의 잘못이라고 알고 있다. 부유한 사람들은 그런 부를 누릴 자격이 있다. 만약 당신이 부유하지 않다면, 그것은 전적으로 당신의 잘못이다. 그러면서 우리는 꿈꾼다. '그들과 좀 더 비슷해지면 좋으련만. 더 좋은 물건과 더 좋은 육체를 가질 수 있다면 좋으련만.'

그래서 우리는 불꽃을 향해 날아드는 나방처럼 브로워드카운티 컨벤션센터 같은 곳에 꼬여든다. 컨벤션 홀의 공간에서 우리는 저 자동차를, 저 유모차를, 또는 저 유방 임플란트를 살 수 있을 더 나은 미래를 상상한다. 성공은 오로지 개인의 행동을 통해서만 다가온다. 우리 모두가 자신에 대해 책임이 있다는 이 보편적인 믿음 속에서, 우리의 육체를 바꾸는 것보다 더 개인적이고 더 집요한 소망이 어디 있겠는가?

신자유주의의 강인한 개인은 미용수술로 표준화된 육체 속에 녹아들어 갔다. 보다 표준화된 따라서 덜 개성적인 육체가 더 나은 직업과 더 나은 남편과 더 나은 삶을 가져다준다는, 이상하게 왜곡된 신자유주의적 신념 속에서 새로이 플라스틱화한 미국인들이 살아가고 있다.

기업가가 된 의사들

미국에 신자유주의 혁명이 일어나며 정치뿐 아니라 구체적인 정책들 또한 변했다. 시장의 과잉에 대한 어떠한 책임에서도 국가는 물러서게 되었다. 레이건 행정부의 초기에 있었던 두 가지 사건은 성형수술 업계를 영구적으로 바꾸어놓았다. 하나는 의료 전문직들이 광고를 할 수 있도록 허용한 것이고, 또 하나는 은행들이 어떠한 이율이든 마음대로 책정할 수 있게 함으로써 더 많은 사람들에게 신용을 확대하도록 허용한 것이다.

1982년 연방대법원은 의사들에게 광고를 허용토록 한 연방거래위원회의 결정을 승인했다. 그 전에도 의료 광고는 허용되어 있었지만, 미국의학협회는 의사들이 광고를 하지 못하도록 막아왔었다. 미국의학협회는 '진짜' 의사들과 '돌팔이'들을 구별함으로써 의학의 전문성을 지키려 했고, 따라서 어느 의사들도 '환자들을 호객'하지 못하도록 했던 것이다. 그런데 연방거래위원회는 신자유주의 논리를 내세워 의료계도 '시장의 마술'에서 이익을 얻을 수 있다고 주장했다. 광고가 환자들에게 필요한 정보를 제공하며 의료 시술에 대해 올바른 결정을 내릴 수 있도록 돕는다는 명목이었다. 대법원은 연방거래위원회의 의견에 동의했다. 1982년 이후 모든 의사들, 특히 미용수술 전문의들은 광고를 냈다.

미용수술의 선택은 항상 자의에 의한 것이었으므로 '환자'들은 사실 '고객'에 가까웠다. 어떤 성형외과 의사가 당신에게 최적의 가격과 최선의 서비스를 제공할 능력이 없어 보인다면, 당신은 다른 데로 가면 된다. 그러나 광고는 잠재적인 고객들에게 성형수술을 보다 가시적인 것으로 만들었다. 하나의 사업으로서는 더욱 가시적으로 만들었다.

광고는 우리가 성형수술을 생각하는 방식 또한 바꾸어 놓았다. 의사와 환자 간의 의학적인 관계가 고객과 서비스 제공자 간의 상업적인 관계로 바뀐 것이다. 이제 유방 확대 수술은 길거리 광고판에도 등장한다. 하지만, 적어도 현재까지는, 암 치료 광고는 보이지 않는다.

광고는 특정한 형태의 소비를 통해 마술적인 변신을 약속하는 기술이다. 미용수술 전문의들은 그들 나름의 마술을 가지고 있다. '수술 전(Before)과 후(After)'라는 간단한 기교다. 수술 전과 수술 후의 사진을 한 번이라도 훑어본 사람이라면 누구나 느끼듯, 성형수술 광고는 어떠한 동화보다 아름다운 약속으로 사람들을 유혹한다. 그다지 아름답지 못한 여인(때로는 남자)에게 메스라는 마술지팡이를 휘두르자 더 젊고, 더 날씬하고, 더 아름다운 사람으로 변한다. 미국성형외과협회는 웹사이트에 방대한 양의 수술 전후 사진들을 올려놓았다. 의료신용 회사들의 사이트도 모두 그렇게 한다. 미용수술을 고려하는 사람이라면 누구나 그 사진들을 보았을 것이다.

이뿐 아니다. 우리가 읽는 신문과 우리가 접속하는 소셜 네트워크 사이트들도 이러한 이미지들의 융단폭격을 퍼붓는다. 미용수술 광고들에서는 늘어진 가슴이 탱탱하게 변한다. 넙직한 잉덩이는 남스럽게 부풀고, 주름은 사라지며, 배는 쏙 들어가고, 늙은이는 젊어지고, 뚱뚱한 이는 날씬해진다.

컴퓨터 이미지 처리 기술의 경이적인 발전 덕분에 수술 전후의 사진들을, 실제 수술을 하지 않고도, 얼마든지 만들어낼 수 있게 되었다. 오늘날 미용수술의 잠재적 고객들은 엔젤스 랩(Angels Lab) 같은 곳에 사진을 제출한 뒤, 얼굴이나 신체 어디든 수술 후의 '사실적인' 이미지를 미리 받아볼 수 있다. 엔젤스 랩의 웹사이트에 따르면 그러한 컴퓨터 이미지가 "미용수술이 자신에게 맞는지 판단할 수 있도록 돕는다."고 한다. 일부 의사들은 그러한 장비를 아예 사무실에 직접 갖춰놓고 있다.

"이것이 당신의 코, 가슴, 배가 바뀐 모습입니다. 여기 점선 친 부분에 사인만 하면 됩니다!"

성형외과 의사들은 상업화된 의학이라는 동화 속에서 구원의 대모가 된 듯하다. 마술 메스를 휘두르며 미운 오리새끼를 백조로 변신시켜준다. 하지만 동화의 대모와는 달리, 의사들과 은행들은 그 변신으로 상당한 이득을 챙길 것이다.

그런데 꽤나 많은 성형외과 의사들이 이러한 '수술 전후' 사진과 사전에 고객을 설득하고 약속했던 내용 때문에 곤란을 겪기도 한다. 광고는 '기적은 가능하다.'라는 환자들의 기대심리를 한껏 높여놓았지만, 실제 수술실이 내놓는 결과는 이보다 초라하기 마련이다.

댈러스와 텍사스에는 환자들이 왜 수술 전후 사진을 믿어서는 안 되는지 가르쳐주는 두 사람의 의사가 있다.

"공공연하게 내걸린 수술 전후 사진들은 미용수술을 받을지 판단하는 데 도움이 될 수는 있습니다. 그러나 그것이 수술할 의사를 선택하는 최선의 방법은 아닐 것입니다."

내가 인터뷰했던 많은 의사들은 그들의 업계에서 광고와 의학이 결합된 데 대해 불편한 심기를 드러냈다. 몇몇 의사들은 사람들이 같은 수술에 여러 차례 돈을 들이게 되면 그 결과에 대해 만족하지 못할 가능성이 더 높아진다고도 지적했다. 그리고 이런 불만은 사람들이 광고를 통해 가진 '비현실적 기대' 때문에 더 커진다는 것이다. 한 의사는 이렇게 말했다.

"여성들이 찾아와서 큰 가슴을 원한다고 말합니다. 그들이 원하는 가슴은 탱탱한 D 사이즈입니다. 게다가 우뚝 서야 합니다."

물론 이럴 때 의사들은 여러 가지 방식으로 세일즈맨 정신을 발휘해야 한다. 그들은 우선 '현실적인' 결과를 제안한다. 따라서 '돌팔이'는 아니다. 그러나 광고가 그들의 업계에 반드시 바람직한 동반자만은 아니라는 그들의 우려는 현실적이다.

미용수술 전문의들이 광고에 좋은 감정을 가졌건 아니건, 미용수술 광고는 분명히 존재한다. 그리고 그 내용의 진실성에 대한 규제는 사실상 별로 없다. 의사들도 이를 규제하고자 힘을 모으지 않는다. '구매자 위험부담(Caveat emptor)'은 내가 인터뷰했던 대다수 의사들의 태도를 명백하게 보여주는 용어다.

그들은 무엇보다 이 일에 연방정부가 관여하기를 원치 않았다. 나와 이야기를 나눴던 샌프란시스코의 한 의사는 이렇게 말했다.

"소비자들은 어느 정도 영리해야 합니다. 원하는 것에 대해서는 그들 스스로 조사하고 연구해야 합니다."

이러한 주장은 신자유주의 미국의 중추를 이루는 정신이기도 하다. 의사들의 유일한 책임은 이익을 내는 것이다. 환자는 소비자이며 한 사람의 소비자로서 구매에 주의를 기울여야 한다. 의사가 병원에 찾아온 18세의 최저임금 노동자보다 신용시스템에 대해 더 잘 안다고 해서, 그 환자에게 신용대출을 사용하지 말라고 말해줘야 할 책임이 있는 것은 아니다.

광고를 통해 자신들의 마술을 공격적으로 판매하는 의사들의 능력이야말로 우리가 성형수술을 점점 더 많이 구매하는 주된 이유 가운데 하나다. 일부 성형외과 의사들은 광고를 좋아하지 않을지도 모른다. 그러나 그들 '모두' 거기서 이득을 보고 있다. 미국 성형외과협회에 따르면 '2015년까지 미국 인구의 약 17%가 어떤 종류든 미용시술을 받게 될 것'이라고 내다봤다. 그렇게 예상하는 주된 이유 가운데 하나가 광고다.

그렇다면 우리는 그 비용을 어떻게 대야 할까?

플라스틱 수술비는 플라스틱 머니로

우리가 새로운 플라스틱 자아를 위해 치르는 비용은, 물론 플라스틱 머니를 통해 지출된다. 고객들은 기존의 신용카드로 지불하기도 하지만, 대기 수술* 금융을 전문적으로 취급하는 의료신용 회사를 통하기도 한다. 〈나를 치유해주세요(Make Me Heal)〉라는 웹사이트에서 뽑아온 하나의 전형적인 사례가 있다.

> * 긴급을 요하지 않는, 병원의 스케줄에 따라 일정을 기다려야 하는 수술 ─옮긴이

성형수술 또는 비외과적 미용시술을 받을 계획이 있다면 더 이상 미루지 마십시오. 성형수술 환자들을 위해 특별히 마련된 저희의 '비용을 대주세요(Finance Me)' 프로그램이 있습니다. 여러분은 어떤 형태의 미용수술이든 저렴하고 쉽고 편리한 월부금 방식으로 지불하면 됩니다. 이율은 대부분의 주요 신용카드들과 비슷하거나 오히려 낮습니다. (…) 현금 선불은 필요치 않습니다. 최소 1,000달러에서 최대 2만 5,000달러까지 대출해드립니다. (…) 저희는 어떠한 등급의 신용 상태를 가진 환자들에게도 금융을 제공하는 전문회사입니다.

당신은 수술을 미룰 필요가 없다. 그러나 그와 함께 매달 꼬박꼬박 돌아올 고이율의 할부금을 미룰 수도 없을 것이다.

2005년 미국성형외과협회가 실시한 한 조사 결과, 성형수술 환자의 30%가 연소득 3만 달러 미만이었다. 캘리포니아의 노동자 주거 타운은 실업률이 전국 평균의 두 배에 달하는 지역이다. 그 지역에 있는 한 외과의사는 다음과 같이 말했다.

"일반인들의 생각과는 다른 게 있습니다. 그들은 미용시술을 받는 사람들이 모두 부자인 줄 압니다. 하지만 제 환자들은 대개 노동자들이고, 그저 그런 직업을 가졌으며, 돈이 부족한 사람들입니다."

뉴욕 주에서 개업하고 있는 또 다른 한 의사는 내게 이렇게 말했다.

"제 환자들은 당신이 인구학적으로 예상하고 있는 부류의 사람들이 아닙니다. 저는 마이애미나 댈러스에서 영업하는 의사가 아닙니다. 상당수의 제 환자들은 바에서 일합니다. 당신이 아이 몇을 키우면서 스스로 생계를 꾸려나가는, 그러나 가슴 볼륨이 엄청 늘어진 여성이라고 생각해보세요. 우리는 그것을 고쳐줄 수 있습니다. (⋯) 그리고 만약 당신이 은행에 예금한 돈의 절반을 잃어버린다고 해보세요. 은행에 투자하는 쪽이 낫겠습니까 스스로에게 투자하는 쪽이 낫겠습니까?"

이들의 말처럼, 한때는 제법 부유한 미국인들이나 가능했던 성형수술을 이제는 '나머지 우리들'도 이용할 수 있게 되었다. 우리가 더 부유해졌기 때문이 아니라, 우리가 빚을 질 기회가 점점 더 많아지고 있기 때문이다.

성형수술 의료신용은 은행으로서는 큰 사업이다. 의료신용은 미용수술뿐 아니라 미용치과나 수의사들의 청구서에도 해당된다. 업계의 탈규제 이후, 은행들은 이익을 내기 위해 실제 돈이나 자기자본에 의존할 필요가 없어졌다. 대신에 이자율과 수수료로 뭉텅이 돈을 벌어들인다. 자본이 아니라 금융상품이 주가 되는 은행산업의 이러한 '금융업화(financialization)'는 전례가 없는 수익을 은행들에게 안겨주었다. 1990년에서 2005년 사이에 은행의 수익은 400% 증가했다. 심지어 2007년의 경제 붕괴 이후에도 은행들은 더 높은 이자율과 수수료를 통해 수익성을 유지해냈다.

가난한 여인의 유방이 더 비싼 이유

은행이 신용으로 큰돈을 벌어들였다는 사실만이 문제가 아니다. 은행은 부자보다는 가난한 사람들을 상대로 더 많은 돈을 벌어들인다. 시카고 경제학파가 내세운 원칙에 따라, 이전에는 신용을 이용할 기회가 없었던 모든 종류의 사람들에게도 문호가 개방되었다. 학생과 은퇴자, 가난한 노동자, (1990년대 들어서는) 근래에 파산한 사람들에게까지 신용이 주어졌다. 그러나 이러한 사람들은 '위험하기' 때문에, 이율은 그에 상응하게 조정된다. 한두 차례 지불을 어기는 등 불량한 신용 이력을 가지고 있다면 그 사람에게 적용되는 이자율은 거의 30%에 육박한다. 만약 당신이 가난하다면, 당신의 8,000달러짜리 유방 성형에 대해 이후 5년 내내 그 두 배의 비용을 치러야 한다는 의미다.

놀라운가? 바로 이게 규제받지 않는 시장에서 신용이 작동하는 방식이다. 실제로 규제 없는 시장에서는 신용산업이 사회의 가장 가난한 일부 멤버들로부터 이익을 뽑아낸다.

연방준비은행의 통계에 따르면 2004년 노동자계층 가족(가계소득 연 3만 달러 미만)이 부유한 가족(가계소득 9만 달러 이상)보다 자동차 대출에 56.1% 더 많은 돈을 지출했다. 자동차나 주택담보와 마찬가지로, 유방도 부자보다는 가난한 사람들에게 더 비싸다.

당신이 하루 종일 뼈가 빠지도록 일해서 이 과노한 이자를 모두 갚아냈다고 하더라도, 은행의 벌이를 걱정하지는 마시라. 여러분의 친구들이 더 한 짓을 또 해낼 테니까. 아마 당신의 친구는 의료신용으로 인슐린이나 병원 요양 등 수명 연장 시술을 받으려고 할 것이다. 4,700만 명의 보험 없는 미국인들과 1,600만 명의 보험이 부족한 미국인들이 바로 그들이다. 그 결과는 점점 더 높은 이자율을 부과하는 신용회사들의 엄청난 수익뿐이다.

미국 의료신용 업계에서 가장 막강한 회사는 제너럴 일렉트릭(GE)의 계열사인 케어크레딧(CareCredit)이다. 이 회사의 자산가치는 2007년에 50억 달러로 전년보다 40%나 올랐다. 케어크레딧은 웹사이트를 통해 자사의 서비스를 다음과 같이 설명한다.

여러분은 더 환한 미소나 더 나은 시력을 원할 수 있습니다. 외모를 깨끗하게 다듬기를 원할 수도 있습니다. 혹은 여러분 가정의 애완동물에게 계획에 없던 수술을 해주어야 할지도 모릅니다. (…) GE의 머니컴퍼니(Money Company)인 케어크레딧은 여러분에게 편리한 지불방식을 제공해드립니다. 여러분이 원하는 수술을 여러분이 원할 때 받을 수 있습니다. (…) 케어크레딧은 여러분이 준비되었을 때 언제든 수술을 받을 수 있는 자유를 드립니다. (…) 기다리는 시간과는 작별을 고하고, 여러분 자신에게 하루라도 빨리 보상을 해주세요.

케어크레딧 웹사이트는 연 이자율을 13.90%라고 게시해놓았다. 8,000달러의 유방 임플란트를 위해 6개월 할부금융을 선택했다면, 치러야 할 총 금액은 1만 1,000달러가 넘는다. 웹사이트가 명확히 밝혀놓지 않은 점이 한 가지 더 있는데, 한 차례라도 지불을 어기면

이자율이 두 배 이상 올라간다는 사실이다. 또한 케어크레딧의 서비스를 이용할 경우, 환자들의 지불금 외에 의사들 역시 일정액의 수수료를 내야 한다는 사실도 웹사이트는 설명하지 않고 있다. (이 경우 미용수술 전문의들이 부담하는 수수료가 더 비싼 수술비라는 형태로 환자들에게 돌아갈 것은 뻔하다.)

비벌리힐스에서 지금까지 3만 2,000건의 코 수술을 해왔다는 60대 후반의 한 미용수술 전문의는 이러한 관행에 대해 이렇게 말했다.

"의료신용은 은행업의 탈규제 때문에 어떻게 부자가 더 부유해지는지를 보여주는 좋은 사례입니다. 당연히 가난한 자는 더 가난해지지요. 의료신용을 이용하는 것은 의사와 환자 모두에게 어리석은 짓입니다. 이 회사들은 환자들에게 이미 이자를 부과해놓고 추가로 우리 의사들에게 5% 정도의 수수료를 또 부과하는 경우가 많습니다. 그러면 환자들은 8,000달러의 유방 임플란트를 받고 결국 1만 2,500달러를 지불해야 하나요? 그건 너무 어리석은 일입니다. 은행들과 여타 중개인들은 돈을 벌고, GE 같은 큰 회사들이 그들을 밀어줍니다. (…) 사실 나도 GE로부터 수표를 받습니다! 그런데 가끔은 돈을 줄 수 없다고 합니다. 환자가 할부금을 내지 않았기 때문이라는 겁니다. 그래요? GE 같은 거대한 회사가 내게 줄 돈이 없다고요? 그러나 이 작자들(은행들)은 모든 기회를 다 갖습니다. 우리가 지금 뭘 하고 있는지를 보세요. 우리는 은행가들이 모든 일을 망친 장본인인데도 그들을 구제해주고 있습니다. 내가 그랬다면 아무도 나를 구제해주지 않았겠지요."

성형외과 의사들은 의료신용 서비스의 수수료를 내기 위해 자신들의 수술에 더 높은 가격을 매긴다. 결국 GE 같은 거대회사들은 애당초 비용을 부담할 여력이 없는 환자들로부터 이익을 두 번 뽑아먹는다. 비벌리힐스에서 성공한, 의료신용 시스템을 통해 수익을 올리고 있는 이 의사 역시 그 시스템이 환자들에게 득이 되지 않는다는 사실을 알고 있다.

교묘한 대출 관행을 통해 더 많은 이익을 내는 회사는 제너럴 일렉트릭뿐만이 아니다. 돈이 없는 사람들에게 돈을 빌려주는 일은 오늘날 거대한 사업이다. 뱅크 오브 아메리카(Bank of America)는 최근 급속히 성장하는 '급여일 대출' 프로그램에 1억 1,000만 달러를 운용하고 있다. 재정이 쪼들리는 사람들에게 앞으로 받을 급여를 담보로 미리 현금을 융통해주는 프로그램이다. 이 대출의 연 이율은 39.0%다. 이에 비하면 케어크레딧의 최고 이율 28.5%는 훨씬 양호하게 보일 지경이다.

GE를 비롯한 회사들이 경제 불황기에도 수익성을 유지할 수 있는 방법 가운데 하나는 '일부 계층 사람들에게는 대출을 거절하는 것'이다. 라스베이거스에 있는 50대 성형외과 의사는 자신의 환자들이 거의 다 여성들이며, 거의 다 '성인 엔터테인먼트 또는 관광업'에 종사하는 사람들이라고 말한다. 그리고 2008년에 대다수 미국인들의 신용이 고갈되며 케어크레딧이 자신의 환자들에게 대출을 해주지 않아 힘들었다고 털어놓았다.

"일부에서는 성형수술을 사치라고 볼 수도 있겠지만, 이 여성들에게는 그것이 사치라기보다는 필수에 가깝습니다. 재미로 하는 것이 아니라 투자인 셈입니다. 이 여성들은 일자리를 얻기 위해 다투고 있습니다. (…) 들어보세요, 당신은 교수님이지요? 그럼 사람들이 대학에 가는 이유가 훌륭한 교육을 받기 위해서만이 아니라 더좋은 직업을 얻기 위해서이기도 하다는 사실을 아실 겁니다. 성형수술을 받는 것도 더 좋은 직업을 얻기 위해서입니다. 혹은 현재의 직업을 지키기 위해서죠."

의료신용 사업의 또 다른 주요 업체였던 캐피털 원(Capital One)은 의료신용 사업에서 완전히 철수했다. 2008년 수익이 전년의 7억 5,000만 달러에서 4억 5,300만 달러로 급감하자 회사 전체의 수익성 유지를 위해 그런 결정을 내렸다. 캐피털 원의 수익이 떨어진 가장 큰 이유는 많은 소비자들의 대출금 상환 능력이 없어진 때문이었다. 부도 난 대출의 비율이 이 기간 동안 거의 두 배로 늘어 6.26%에 달했다. 캐피털 원은 환자들에게 비교적 낮은 이율을 매기고 의사들에게도 이중의 수수료를 부과하지 않았던 것으로 알려져 있다. 다시 말해 캐피털 원은 의료신용을 적정한 대출로 제공한 나머지, 가난한 노동자 계층의 '골수'를 충분히 뽑아내지 못했던 것이다.

플라스틱 수술에 플라스틱 머니를 제공하고자 하는 신용회사들은 아직도 많이 있다. 나와 대화를 니눴던 환자들 대다수에게는 좋은 소식이다. 그들 중 대부분은 수술비용을 대출받으려는 의지가 아주 강했기 때문이다.

56세의 한 여성은 몇 년 전에 제왕절개 수술을 받은 뒤 자신의 배 모양이 마음에 들지 않는다며 복부 성형수술을 고려하고 있었다. 그녀는 수술비용을 저울질해보았다.

"위험하다는 생각도 해보지만, 돈 문제가 더 걱정이에요. 친구들 중 몇몇은 8,000달러 정도에 수술을 받았다고 하고, 다른 사람은 1만 2,000달러가 들었다고도 하고…… 나는 비용의 절반을 대출받을 생각이에요. 알고 있어요. 의학적으로 꼭 필요한 수술이 아니기 때문에 어쩌면 상당히 어리석은 짓이 될 수도 있다는 걸."

한 미용수술 환자의 남편은 아내의 수술에 2만 달러가 들었다고 내게 말했다. 그는 아내에게 그런 수술이 필요하다고 생각하지는 않았다. 특히 그녀의 나이(70세)를 감안하면 더욱 그랬다.

"그건 너무 많은 돈이었고, 어처구니없이 써버린 돈이었지요. 트레일러 하우스나 찌그러진 아파트에 사는 나이 든 사람들이 천지인데……."

나는 그가 왜 그런 지출에 동의했는지 물어보았다.

"와이프를 행복하게 해주기 위해서지요. 그녀는 패션계에서 일합니다. 40년 되었지요. 그 사업에서는 첫인상이 무엇보다 중요하거든요."

전신 주름 제거를 받으려던 39세의 또 다른 여성은 이혼했고, 자영업자인데다, 두 아이가 있어 대출을 받아야만 한다고 말했다. 그 수술과 관련해서 건강과 재정 중 어느 쪽이 더 걱정이냐고 묻자 그녀는 이렇게 대답했다.

"무슨 대가를 치르든 멋지게 보인다면 그 값을 하겠지요. 사실 거기에 대해서는 고민하지 않아요. 적어도 나는 내 인생을 더 낫게 만들고, 멋지게 보일 기회를 잡고 있으니까요."

달리 말해 위험은 미국에서 성공하기 위해 반드시 필요한 요소라는 뜻이다. 만약 당신이 성공하지 못했다면, 마땅한 위험을 감수하지 않았기 때문이다. 그것은 불공정한 시스템과는 전혀 무관한 문제다. 누구라도 더 열심히 일하고, 성형수술을 받고, 더 많은 수술 빚을 떠안는다면, 성공할 수 있다. 이것이 오늘날의 아메리칸 드림이다.

아메리칸 드림과 플라스틱의 제국

더 좋은 유방을 위해 엄청난 액수의 빚을 지는 것이 '가치 있다.'는 생각이 얼마나 미국적인지 이해하는 것은 중요하다. 이토록 많은 사람들이 가난에서 벗어나고 꽉 막힌 직업에서 탈출하고자 고리의 대출을 얻어 육체를 바꾸어야 한다고 믿는 것은, 이 끝없는 낙관주의와 자기 개선의 의욕이 충만한 나라에서만 가능한 일이니까.

5개 대륙 20여 개 국가의 성형외과 의사들에게 설문을 해본 결과, 미국을 제외한 나라에서는 이 같은 미용시술 구매 전용 신용산업이 거의 없었다. 많은 나라들이 미국과 비슷한 신용카드 시스템을 가지고 있지만, 미국처럼 평균 18.9%에 달하는 높은 이자율을 매기지는 않는다. 조사한 바에 의하면 이만큼 높은 의료신용 이자율 체계를 가진 나라는 멕시코와 오스트레일리아뿐이었다. 멕시코시티에 있는 한 의사는 말했다.

"수술을 받으려고 미국과 캐나다에서 멕시코로 건너오는 사람들이 많습니다. 제 환자들 대다수도 북쪽에서 옵니다. 우리에게도 똑같은 신용시스템이 있지만, 그들은 자신들의 의료신용을 사용합니다. 둘 사이에 차이는 없습니다. 그러니까 미국의 신용 시장이 무너지면 우리 역시 피해를 본다는 말입니다."

이러한 나라들을 예외로 했을 때, 미국의 외과수술 전문 신용산업 비슷한 것에 대해 언급한 다른 나라 의사는 아무도 없었다. 또 미국의 성형외과 의사들처럼 의료신용 회사와 직접 연계해서 일을 한다는 의사 역시 없었다.

토론토에서 일하는 한 의사의 말을 들어보자. 그는 100% 미용시술만 하며, 따라서 캐나다 정부의 건강보험체계로부터 수급을 받지 못하고 있다. 그는 자신의 환자들 중 압도적인 다수가 부유하지 않다고 했다. 그들은 교사, 비서, 대학교의 직원이며 상당수는 은행에서 대출한도를 지정받고 있다. 이자율이 미국에 버금갈 정도는 아니다. 대신에 토론토의 환자들은 신용과 아울러 지불할 일정액의 자산을 가지고 있어야만 한다.

"캐나다는 미국과 다릅니다."

그는 말했다.

"여기서는 담보대출을 받으려면 25%의 현금을 예치해야 합니다. 캐나다 사람들은 미국 사람들처럼 아슬아슬하게 살지는 않지요."

대한민국 서울에 있는 한 의사도 비슷한 견해를 내놓았다.

"우리나라는 상황이 다릅니다. 사람들은 현금이나 신용카드로 지불합니다. 신용카드의 이율은 2.5~3% 정도입니다. 그리고 우리나라에는 당신들이 가지고 있는 의료신용 회사가 하나도 없습니다.”

아르헨티나의 한 의사는 자신의 영업이 전액 현금 사업이라고 밝혔다.

“아르헨티나에는 신용이란 게 없습니다. 모든 사람이 현금으로 지불해야 합니다. 어느 누구도 신용을 이용할 수 없습니다. 저도 현금으로만 지불합니다. 병원에 필요한 어떤 장비를 사고자 한다면, 은행과 상담을 하고 현금을 융통합니다.”

세계 금융업의 절대적인 중심이라 할 스위스의 한 성형외과 의사는, 스위스에 고이율 의료신용 회사 같은 것이 있느냐고 묻자 웃음을 터뜨렸다.

“스위스에 그런 신용회사는 없습니다. 정부는 그런 것을 규제합니다. 우리 성형외과 의사들은 수술비를 선불로 받습니다. 이 수술은 보험으로 커버되지 않기 때문이지요. 때로는 유방 축소 수술 같은 것에 대해 보험이 적용되기도 하지만, 우리 환자들 대다수가 원하는 수술은 유방 확대입니다.”

미국 성형외과 의사들의 상당수는 다른 시스템을 원하고 있다. 그러나 이들이 상상하는 새로운 시스템이란 더 영리한 소비자와 더 윤리적인 동료들일 뿐이다. 그들 중 많은 이들은 자신의 직업이 완전히 규제가 풀린 시장이 되어버린 데에 우려를 표했다. 한 의사는 의료신용 사용으로 불만족이 더 늘어난다고도 지적했다.

“성형수술 한 자들은 매달 수표를 써야 하는데, 특히 어떤 불만이 있다면 그때마다 ‘내가 아직도 이 돈을 치르고 있다는 게 믿기지 않아!’라고 생각할 겁니다.”

다음은 다른 의사의 말이다.

"빚 없는 생활, 그건 이 나라에서는 불가능합니다. 나는 그렇게 할 재주가 없어요. 그게 가능한 사람이 누군지도 알지 못합니다. 오직 한 사람, 대학 때의 친구가 빚이 없었습니다. 그러나 나는 지금의 이 일을 하기 위해서, 내 사업을 일으키기 위해서 빚을 져야만 했습니다. 그런데 유방 임플란트를 해달라고 찾아오는 어린 여고생들을 대할 때면 내 직업이 싫어집니다. 그 애들은 트레일러 주차장에서 살고 있지요. 그 애들의 부모는 그걸 하라고 돈을 대출받아 줍니다. 그러면 그들이 내야 할 돈은 정상비용인 3,300달러가 아니라 6,600달러가 됩니다."

외과의사들은 미용수술의 상업화를 새로운 세대의 의사들 탓으로 돌리기도 한다.

"그 녀석들은 하버드를 나왔어요. 그리고는 이런 세 바늘(three-stitch) 주름 제거 수술이나 하고 있는 겁니다! 그 놈들이 그 일을 오래 하지 않을 것임을 잘 알고 있어요. 그들은 오로지 사업을 키우는 데에만 관심을 갖습니다. 마치 새로운 맥도널드 저택*들이 이곳저곳에 우후죽순으로 지어지는 걸 보는 것 같아요. 거기에 살고 있는 사람들은 다 똑같지요."

> * 이웃에 과시하기 위한 목적으로 개성 없이 크게만 지어지는 대형주택들. 맥도널드 체인 레스토랑이 곳곳에 들어서는 데서 유래한 말이라고 한다. – 옮긴이

한 의사는 자신의 분야가 이토록 상품화된 사실에 대해 이렇게 개탄했다.

"환자들이 무슨 짓을 해서라도 수술을 받으려고 하는 이런 문화

로 우리를 몰고 온 것이 무엇입니까? 이게 바로 미국의 모습입니다. 그건 또한 내 모습입니다. 우리는 빌리고 또 빌립니다. 아니, 집의 가치가 영원히 상승하리라 생각하고 감당하지 못할 담보대출을 받습니다. 이 나라는 깊은 바닥으로 떨어졌습니다. 그러나 나는 미용수술을 나쁘게 보지는 않습니다. 우리는 안전하게 사람들을 향상시켜주고, 보기 좋게 만들어줍니다. 거기엔 잘못된 게 없습니다. 정부는 내가 이런 일을 할 수 있도록 도와주어야 합니다.”

마지막 응답자와는 달리 대다수의 미국 성형외과 의사들은, 그들의 환자들이나 마찬가지로, 문제의 해법이 국가의 규제가 아니라 개인적인 대응에 있다고 본다. 의사나 환자나 금융회사들이나 모두 '개인의 선택'이라는 신자유주의적 수사법에 의존하고 있기에, 개인이 자신의 육체를 바꾸기 위해 높은 수준의 채무를 '선택'할 수 없는 시기가 오리라고는 아무도 상상하지 못한다. 아메리칸 드림은 여전히 살아있고 건재하다.

'유방 성형을 받을 여력이 없다고? 대출을 받아! 그리고 걱정하지마. 모든 일은 좋아지기만 하니까. 비용은 미래에 갚으면 돼. 유방 성형이 더 나은 직업과 더 좋은 남편을 얻게 해준 다음에 말이야.'

플라스틱 소비가 건네는 미래의 약속에 유혹된 사람들은 누구인가? 우리 모두다. 우리 모두는 이처럼 완벽함의 약속에 유혹되어 스스로 플라스틱의 노예가 되었다.

제 4 장

플라스틱 공화국의 백성과 의사들

이 장 제목의 일부로 선택된 '플라스틱 공화국의 백성'이라는 말이, 개인적으로 나는 몹시 못마땅하다. 사실 나는 이 '백성'들과 같은 부류로 취급받고 싶지 않다.

내가 성형수술 컨퍼런스에 처음 참여했을 때, 미디어 명찰을 받으려 안달을 떨었던 이유도 그래서였다. 내 이름이 적힌 작은 플라스틱 표에는 '취재진(PRESS)'이라는 글자가 선명하게 찍혀 있을 터였다. 그리고 그것은 나를 플라스틱 감염으로부터 막아줄 마법의 부적처럼 생각되었다. 그러나 애석하게도, 컨퍼런스 첫날 아침의 나는 플라스틱을 퇴치할 마법의 부적 따위를 구할 수 없었다. 취재수첩에 나는 이렇게 썼다.

'아이고! 취재지원실 문이 닫혔다. 이제 나를 성형수술을 원해서 여기에 온 사람으로 생각하는 사람들과 함께 이곳을 걸어 다녀야 한다. 어쩌면 사람들이 나를 성형외과 의사라고 생각해줄지도 모르지. 그러면 좀 나으려나?'

비장한 걸음걸이로 컨퍼런스 홀에 들어섰다. 노트북을 손에 들고, 그게 나를 플라스틱으로부터 면역시켜주기를 바라면서. 깊은 숨을 들이쉰 다음 한 성형외과 의사에게 몇 가지 질문을 던졌다. 그는 대단히 매력적인 30대 백인 남성이었다. 그의 고급스러운 양복은 보톡스 시술에 대한 이야기가 떠도는 전시장 분위기와는 잘 어울리지 않는 것이었다. 옆에 서 있는 그의 사무장은 육감적인 라틴계 여성으로, 타이트한 스커트에 하이힐을 신고, 하얀 새틴 블라우스의 단추를 두 개의 완벽한 임플란트가 충분히 드러나도록 풀어헤치고 있었다. 나는 사회학자이자 작가라고 나 자신을 소개했다. 인터뷰를 시작한 지 5분쯤 지났을 때, 의사는 내 눈 밑의 늘어진 살을 가리키며 말했다.

"당신은 정말로 보톡스를 좀 맞아야겠군요. 지금이 아니면 10년 후에는 본격적인 주름 제거 수술을 받아야 할 겁니다."

"흐음."

나는 이 웅얼거림이 눈 밑의 늘어진 살 같은 것들에는 관심조차 없다는 소리로 들리기를 바랐다.

"몇 가지 질문을 더 드려도 될까요?"

나는 '환자'가 아니라 '인터뷰어'라는 사실을 다시 확인시키려고 애쓰면서 인터뷰를 이어나가려 했다.

"좋습니다. 그런데 정말로 그 팔자주름들은 그냥 놔둘 건가요?"

그는 물고 늘어졌다.

"나중에 마리오네트 인형처럼 보이기를 원치는 않을 텐데요."

그때 내 나이는 마흔 하나였다. 40대로 접어든 이후 나는 '나이든 여자가 되는 것도 괜찮아!'라는 주문을 항상 되뇌려 애쓰고 있었다. 그 주문이 새된 소리를 내며 멈췄다.

"마리오네트라고요? 펀치와 주디* 말인가요?"

* 꼭두각시를 줄에 매달아 공연하는 영국의 전통 인형극 제목이자 주인공 이름. 거기에 나오는 눈두덩이 불거진 인형. 또는 그런 인형극을 마리오네트라고 한다. ─ 옮긴이

나는 숨을 몰아쉬었다. 나이 들어가는 내 얼굴이 점차 주디를 닮

아간다는 사실이, 복부를 한 대 얻어 맞은 듯한 충격으로 다가왔다.

"저는 그게 누군지 모르는데요."

젊은 의사가 입심 좋게 맞받았다. 옛날 옛적 인형극에 대한 나의 문화적 소양은, 내가 그 의사보다 훨씬 더 나이 들었다는 표시가 되고 말았다.

버지니아 블럼도 성형외과 의사를 인터뷰하면서 나와 비슷한 혼란을 겪었다고 고백했다. 그녀는 성형외과 의사들이 자신들의 전문가적인 견해를 밝히지 않고는 못 견디는 사람들이라고 결론 내렸다. 왜냐하면 '그들이 우리 모두를 보는 눈은 미용적 관점이며, 게다가 이 결함투성이 얼굴과 육체에 대해 자신들이 무엇을 할 수 있을지를 가늠하는 변형적 관점'이기 때문이라는 것이다. 어쨌거나 참 곤란한 노릇이었다. 취재진이나 교수라는 직업적 위상은 내 몸의 무엇이 잘못 되었고 그것을 바로잡기 위해 무엇을 할 수 있는지 알려주는 최면술 같은 주문으로부터 결코 나를 보호해줄 수 없었다.

플라스틱 공화국의 백성들

이 책을 준비하면서 여러 종류의 컨퍼런스에 참석하고 많은 의사와 환자들을 만나 공식 비공식의 인터뷰를 진행했다. 나는 성형수술 환자들과 내가 많이 다르리라고 생각했다. 그들이 나보다는 훨씬 더 매력적이며 외모 가꾸기에도 훨씬 더 적극적인 모습이리라고 생각했다. 하지만 이는 진실과는 완벽하게 거리가 먼 착각이었다.

성형수술 환자들은 이상할 정도로 평범했다. 그들은 싼 티 나는 옷을 입고, 머리도 엉망으로 자르고, 염색한 머리칼 사이로 흰머리가 보이기도 한다. 무엇보다 그들은 평균적으로 체중이 과하게 나가는 체형이었다. 간단히 말해서, 플라스틱 사람들은 평균적인 미국인과 똑같아 보인다. (평균적인 미국인들이 플라스틱이니 당연한 일인지 모른다.) 그들은 우리가 무엇엔가 투자하는 이유와 똑같은 이유로 성형수술을 받으려고 한다. 이런 투자가 그들의 삶을 현재보다 더 낫게 만들어 주고, 더 안전하게 해주리라 생각하고 있는 것이다.

성형수술 환자들은 재정과 정서의 양 측면에서 불안감을 느끼고 있다. 다시 말해 직업 시장에서의 불안, 로맨스 시장에서의 불안 때문에 성형수술을 받으려 한다. 결국 성형수술이 모든 것을 낫게 해준다는 문화적 각본의 소비가 평균적인 미국인들을 성형으로 몰고 간다. 성형수술에 대한 욕구는 그 비용을 치를 플라스틱 머니로 미국인들을 몰고 간다. 잠재적 환자들이 박람회에 들어서면 '새롭고 개선된' 버전의 많은 상품들이 그들을 반겨준다. 판매인과 의사들은 참관자들에게 '더 낫게 보이고 더 낫게 느끼려면 무엇을 해야 하는지'에 대해 무료 상담을 제공한다. 그들은 공짜 초콜릿과 공짜 쇼핑백, 공짜 티셔츠를 나눠주며 사람들을 유혹한다. 심지어 지방흡입술이나 '새로운' 주름 제거 수술법을 담은 비디오를 공짜로 나눠주기도 한다.

앨런 레프킨이라는 성형외과 의사는 관객 중에서 몇 명을 골라 즉석에서 보톡스 시범을 펼치며 보톡스가 얼마나 '아프지 않고' 또한 '효과적인지' 즉석에서 보여주었다. 컨퍼런스에는 또 이용 가능한 시술들의 종류와 현대 여성, 노인들의 신체 어느 곳들이 잘못 되었는지에 대한 '교육적인' 프레젠테이션들도 준비되어 있었다. 예를 들어 관객들은 '유방하수(breast ptosis)'에 관한 프레젠테이션을 들을 수 있었는데, 중년의 자연스럽고 불가피한 가슴 처짐 현상을 의학적 질병으로 규정하고 오로지 임플란트와 주름 제거 수술에 의해서만 고칠 수 있는 '문제'라고 설명하는 내용이었다. 또 다른 의사들은 주름, 처진 눈꺼풀, 기미 등 손상된 피부 트러블이 심한 중년 여성의 얼굴들을 보여주었다.

중년의 어머니들은 스무 살쯤 된 딸들과 함께 와서 주름 제거, 유방 확대의 더블데이트를 즐겼다. 아기들을 유모차에 태우고 온 젊은 가족들은 최신의 유방 임플란트를 가리키며, 그들이 또한 사려 했던 싱크대 배관 장치들과의 비용을 저울질했다. 친구끼리 온 여성들은 '보톡스와 쥬비덤(Botox and Juvéderm)'* 팸플릿을 읽으며 일시적인 수단에 투자해야 할지 아니면 몇 년 더 기다렸다가 아예 주름 제거 수술을 받아야 할지에 대해 진지하게 토론했다. 플라스

> * 쥬비덤은 얼굴 주름을 개선하기 위한 주사형 필러로, 보톡스 메이커인 미국 엘러간(Allergan)사가 개발한 제품의 등록상표 – 옮긴이

틱에 대해서는 이미 베테랑인 은퇴자들은 20년 전 자신들이 받았던 가슴 수술 이야기를 하거나, 다시 한 번 주름 제거 수술을 받을지 등의 이야기들을 나누었다.

새 구두를 한 켤레 사는 모습이나 전혀 다를 바가 없는 쇼핑 광경이었다. 그것은 궁극적으로 미국적인 사회화, 공통의 소비 패턴을 통해 서로 유대감을 갖는 하나의 의식이었다. 이 약간 살찌고 약간

나이든 미국인들은, 파스텔 색 벨루어 조깅복을 입은 여자들과 하와이언 셔츠를 입은 남자들은, 수술을 받은 후 자신들의 미래가 불안한 현재보다 더 안전하고 더 행복하리라는 이야기들을 나누고 있었다.

직장이 필요해? 플라스틱 수술부터!

인터뷰를 했던 거의 모든 환자들은 '성형수술은 경제적 불안에 대한 대응책'이라고 말했다. 앞에서 보았듯 대부분의 경제지표들은 지난 25년간 대다수 미국인들의 계층 이동성이 계속 떨어져왔음을 가리킨다. 상위 1% 미국인들의 소득은 기하급수적으로 늘어난 반면, 하위 80%는 실질임금과 함께 경제적 상향 이동성의 가능성 역시 줄어들었다. 임금과 기회의 감소를 가장 두드러지게 겪었던 계층이 모든 인종의 여성들이었음은 놀랄 일이 아니다.

50세 전후의 기혼 백인 여성 프리더는 두 아이를 키우며 자신의 사업체를 운영하고 있다. 그녀는 자영업자지만 고객을 더 유치하기 위해 더 젊게 보여야 할 필요를 느낀다고 했다.

"갈수록 많은 여성들이 직업을 갖잖아요. 이제 우리는 조금이라도 더 젊게 더 날씬하게 보이기 위한 경쟁을 벌여야 해요. 그래서 성형수술을 해야 하는 거 아닌가 생각했어요."

역시 50대의 백인 여성인 리타는 접객업에 종사하는데, '직업에 대한 투자.'로 미용수술을 고려했다고 말했다. 오늘날의 직장 환경에 대해 그녀는 이렇게 설명했다.

"당신이 무엇을 하는가가 아니라 당신이 어떻게 보이는가가 중요해요. 십중팔구 그렇다고 믿습니다. 화끈한 몸매를 가진 여자들이 가장 좋은 자리를 차지하고 더 많이 벌지요."

30대의 백인 남성 애덤은 미국인들이 계속 가난해져왔음에도, 신용 부채와 유명인들 때문에, 플라스틱 미용에서 그 해답을 찾으려 한다고 진단했다.

"우리가 결코 알지 못했던 최고 부자 계층이 저 멀리 있어요. 우리는 TV를 통해 매일 그들을 올려다봅니다. 그런데 사실 많은 사람들이 한 달 한 달 급여에 의존해 근근이 살아갑니다. 나는 어떤 절망이 거기 있다고 생각해요. 자신들이 곧 파산을 선언해야 한다는 걸 알기 때문에 더 많은 부채를 끌어와서 살고 있는 사람들이 있습니다. 그들은 성형수술을 받지 않을 이유가 없다고 생각하지요. 그건 그 사람들이 절망적이기 때문에 벌어지는 일입니다. 30년 전에는 사람들이 더 나은 삶을 이룰 수 있다고 느꼈어요. 이제는 계급 구분선을 넘어서기가 점점 더 어려워지고 있습니다."

더 나은 경제적 미래를 바라고 성형수술을 받는 것은 망상에 빠져서 벌이는 행위가 아니다. 사람들은 외모가 진짜 중요하다는 걸 알고 있다. 하지만 미용수술에 투자하는 것이 재정적 수익에 직접적인 보탬이 되는지 아닌지는 또 다른 문제다. 그것은 그 수술의 비용이 고이율의 대출로 치러지느냐 현금으로 치러지느냐에 달려 있다. 그것은 또한 그 돈을 교육 등 다른 성공의 길이 아닌 성형수술에 소비함으로써 어떤 기회비용을 잃게 되느냐에 달려 있다. 가장 중요하게도, 그것은 각자가 영위하는 시스템에 달려 있다. 미국적 문화 내에서 한 사람의 인종, 사회경제적 지위, 그리고 지리적 입지는 유방의 크기나 탱탱함보다 삶의 진전에 훨씬 더 큰 영향을 미친다.

궁극적으로, 구조적 제약들에 대한 개인적 해법의 추구는 문제를 해결할 수 없다. 라이트 밀스(C. Wright Mills)는 《사회학적 상상력》에서 말했다.

"사람들은 대개 자신들이 겪고 있는 어려움들을 역사적 변화나 제도적 모순이라는 측면에서 규정하려 하지 않는다."

그러나 우리들의 삶은 항상 그러한 '더 큰 힘들'에 의해 규정되고 있다. 밀스에 따르면, 한 사람의 실직은 한 개인의 문제지만 1,500만 명의 실직은 사회적 이슈다. 한 사람의 늘어지고 나이 든 가슴은 한 개인의 문제지만, 온 국민의 늘어진 가슴은 사회적 이슈다.

'내가 더 멋진 가슴을 가졌더라면, 내 월급이 이렇게 최저 수준은 아니었을 거야.'라는 생각은 호모 에코노미쿠스(Homo economicus)로서 합리적 인간이 가질 만한 생각으로 보인다. 그러나 진실은 다르다. 플라스틱 가슴이건 아니건, 개인의 소비 패턴과 몸 가꾸기 덕분에 불공정한 급여와 불공정한 기회 구조가 사라지는 일은 없을 것이다.

애인이 필요해? 플라스틱 수술부터!

밸런타인데이에 지역의 어느 스파에서 보톡스 주사를 특별 할인해

준다는 광고를 냈다. 그 광고에는 한 여자가 눈을 감고 누워 있는 사진이 실려 있다. 주사기를 든 손 하나가 그녀의 얼굴로 다가오는 그림이다. 그리고 그 위쪽에는 화살 통을 맨 큐피드가 그녀에게 진실한 사랑을, 또는 안면 마비를, 또는 그 둘 다를 한가득 쏘아주려고 둥실 떠 있다.

광고의 메시지는 분명하다. 매끄럽고 주름 없는 얼굴을 가진 사람들에게 사랑이 찾아오리라는 것이다. 성형수술을 받는 미국인들은 직업 시장에서만 불안을 느끼는 것이 아니다. 그들은 로맨스 시장에서도 불안하다.

미국 문화에서 가장 널리 퍼져 있는 이데올로기는 로맨스다. 미국인들은 평균 2만 6,327달러를 결혼식 비용으로 쓴다. 과거 15년 동안 73%나 증가한 액수다. 성형수술과 마찬가지로 결혼 관련 산업은 미국에서 '불황을 타지 않는' 산업이다. 미국의 영화와 음악들은 진실한 사랑과 해피엔딩에 대한 이야기로 가득 차 있다. 미국에서는 정치가라 하더라도 자신의 배우자와 믿을 만한 로맨스 스토리를 구축해야만 한다. 인턴이나 경호원과 놀아나더라도 나중에 정치 생명을 구해줄 수 있는 그런 진한 로맨스 스토리 말이다.

그러나 완벽한 육체의 신화와 마찬가지로 완벽한 로맨스도 지켜지기 쉽지 않은 약속일 뿐이다. 모든 결혼의 대략 절반이 이혼으로 끝난다. 결혼한 미국인보다 혼자 사는 미국인이 더 많으며, 가장 빨리 늘어나고 있는 인구 부류가 미혼의 여성이다. 로맨스의 이데올로기와 우리 삶의 현실 사이에 놓인 이런 단절에 직면하자, 수많은 미국인들은 진정한 사랑을 찾기 위해 성형수술을 선택하고 있다.

데버러 데이비스(Deborah Davis)와 마이클 버넌(Michael L. Vernon)의 조사에 따르면, 인간관계에 대한 불안감이 큰 사람들일수록 성형수술을 받을 가능성이 높다고 한다. 높은 수준의 '애착 불안(attachment anxiety)'을 가진 이들이 기존의 관계를 유지하거나 새로운 파트너를 찾기 위한 노력으로 몸을 가꾸려 한다는 것이다. 성형외과를 찾는 손님들이 실제로 거듭 표현하는 희망이 바로 이것이다.

"내가 결혼만 했더라면, 이런 걸 할 필요는 없었을 거예요."

미용사로 일하는 55세의 백인 여성 토니는 30대일 때 복부 지방 제거와 유방 확대 수술을 받았다고 한다. 2년 전에 그녀는 첫 얼굴 주름 제거 수술을 했다. 이제 그녀는 중력의 작용에 의한 불가피한 처짐에 대처하기 위해 유방 재건을 고려 중이다.

"나이가 들수록 너무너무 어려워요."

그녀의 설명이다.

"잡지에 나오는 모델들이랑 이 모든 쓰레기 같은 것들……. 내가 만약 결혼했더라면, 아아, 이런 짓은 안 했을 거예요. 내가 나를 사랑하는 방식으로 남편이 나를 사랑해주었더라면. 아아, 그렇지만 그건 현실이 아니에요, 그렇죠?"

베스와 그녀의 친구 린다는 둘 다 은행에서 일하는 30대 중반의 백인 여성이다. 성형수술은 그녀들에게 실패한 로맨스를 수습하는 데 필요한 작업이었다.

베스 : 어떤 짓을 하지 않겠다는 말은 않겠어. 나는 몸무게가 늘었어. 그러나 아직 지방흡입을 할 준비는 안 된 것 같고, 하지만

더 늙어서 40대가 된다면……. 남자들은 더 젊은 여자들에게만 계속 꼬이고, 젊은 여자들이란 얼마나 멍청한지, 꼭 그런 남자들하고만 데이트를 한다니까.

린다 : 내면의 아름다움은 더 이상 관심을 끌지 못해. 겉으로 어떻게 보이는지에 따라 평가를 받을 뿐이지.

베스 : 백 년 전에도 똑같았어. 그때는 코르셋과 치마받이였고, 지금은 가슴 수술과 지방흡입이지. 만약 네가 마흔 다섯 살이고, 남편이 널 버리고 더 젊은 여자한테 가버렸다면, 너는 다른 남자를 찾아야만 하잖아. 중요한 건 대부분의 여자들이 돈 있는 남자를 원한다는 거야. 그런 남자들은 사업에서 성공한 사람들일 테고, 그러면 파티에 끼고 나갈 예쁜 여자를 원하지. 들어봐. 남편이 더 젊은 여자를 찾아 떠나버리지 않았다면 결혼 생활을 계속 했을 독신 여자들이 많아. 근데 어쩌다보니 내 남편은 나보다 여섯 살이나 어려. 내 친구들 중에도 남편이 젊은 여자한테로 가버린 경우가 있지. 남편이 떠나고 나서 3년이나 지났는데도 아직 낙담에 빠져 있는 친구를 너도 알잖아. 데이트도 안 해. 꼬락서니가 어떻게 보이는지 신경도 안 써. 노력해야 돼. 아니면 혼자 살게 될 거야.

애덤 역시 성형수술이 로맨스에 도움이 된다는 견해에 맞장구를 쳤다.

"내가 만약 독신이라면, 아마 뭔가를 했을 거예요. 내 머리 좀 보세요! 숱이 엄청 줄었어요. 하지만 나는 결혼을 했죠. 그래서 안심하고 있어요."

직업의 불안과 마찬가지로 로맨스의 불안에서도 미용수술이 도움을 줄 수 있을지 모른다. 하지만 그녀가 마침내 결혼에 골인한다고 하더라도 별거나 이혼, 그리고 개인적 욕구라는 더 큰 모순들을 해결할 수는 없다.

왜 미국인들이 점점 더 미용수술로 몰려가는지 물었을 때, 다양한 사람들의 수많은 대답들은 놀라우리만치 서로 비슷했다. 늙는데 대한 두려움, 그러한 잣대를 표준화하는 문화가 문제라는 것이다. 우리가 영원히 젊음을 갈망하도록 하는 한편, 영원한 젊음으로 가는 길이 성형수술이라고 말하는 대중매체에 대해서는 새삼 언급할 필요도 없을 것이다. 결국 환자들은 자신들이 왜 거기에 있는지 정확히 이해하고 있었다. 비록 그러한 자각이 몸에 칼을 대려는 욕구를 저지하지는 못했지만 말이다.

나이와 싸우는 사람들

성형수술 환자들 상당수는 베이비붐 세대다. 그들은 청년문화를 개척했던 자신들이 이제 중년 후반의 나이로 늙어가는 것이 미용수술 증가의 진정한 이유라고 보고 있다.

미국 국립보건원에 따르면 앞으로 20년 후면 65세 이상의 인구가 현재의 두 배로 늘어날 것이다. 2030년에는 모든 미국인의 20%가 65세 이상이다. 85세 이상 연령 집단은 현재 미국 인구에서 가장 빨리 늘어나는 부류다. 점점 많은 인구가 늙어가고 있을 뿐 아니라, 이전 세대의 노인들보다 더 건강하고 부유해지고 있다. 질병으로 움직이지 못하는 노인들은 갈수록 줄어들고 있다. 노년 인구의 약 10%만이 빈곤하다. 1959년의 노인 빈곤율은 30%를 넘었었다.

인터뷰를 했던 미용수술 환자들 중 상당수가 베이비부머 세대의 노령화를 미용수술 증가의 주된 요인으로 꼽았다. 늙어가고 있지만 여전히 젊음에 집착하는 세대의 위기의식에 미용수술 산업은 하나의 훌륭한 해법이 되어 주었다. 경찰 계통에서 일하는 한 백인 남성은 이렇게 지적했다.

"사람들이 예전보다 더 오래 살 뿐만 아니라 자신들이 더 젊다고 느낍니다. 나도 올해 쉰인데, 예전 같았으면 현관의 흔들의자에 앉아 손자들이 돌아오기를 기다리고 있을 나이지요."

간호사인 아내가 젊어 보이기 위해 미용수술을 받는 것이 당연하다고 그는 생각하고 있었다. 한편 이들 부부는 젊은 사람들이 더 완벽하게 보이기 위해 미용수술을 받는 것은 성형수술의 보편화 추세가 야기한 위험한 현상이라고도 지적했다.

아내 : 나는 젊은 사람이 완벽하게 보이려 애쓰는 것에는 찬성하지 않지만, 노인들이 노화 방지 수술이나 요법을 받는 데에는 공감해요.

남편 : 요즘 젊은이들은 터무니없게도 바비나 그녀의 남자친구인 켄(Ken) 인형처럼 완벽해질 수 있다고 생각합니다.

아내 : 전신 성형을 받는 사람들은 멀쩡한데도 그렇게 해요. 그건

불필요해요. 그건 오로지 완벽하지 못한 것에 대해 사회적 반응이 워낙 부정적이어서 그런 거예요.

'나이와 싸우는 것은 좋지만 완벽함에 집착해서는 안 된다.'는 정서는 베이비부머들에게서 상당히 공통적으로 나타났다. 휠체어를 탄 79세의 여성은 주름 제거와 짙은 화장으로 팽팽한 얼굴을 하고 있었는데, 수년 동안 몇 차례 유방 임플란트를 받긴 했지만 이제는 그런 '경솔한' 수술에 돈을 낭비한 것을 후회한다고 말했다. 자신이 더 나이가 들면 '너무' 늙은이 취급을 받지 않기 위해서 진짜로 돈이 필요하기 때문이라고 그녀는 말했다. 그런데 내가 '무엇을 하기에 너무 늙었다는 거죠?'라고 묻자 그녀는 돌연 인터뷰를 중단했다.

"이런 거 하고 있을 시간이 없어요. 한 번 더 주름 제거 수술을 받을 수 있는지 정보를 좀 찾아봐야 돼요."

노화를 문제로 보는 사람들은 베이비부머들 뿐만이 아니었다. 그들 세대보다 젊은 상당수의 환자들도 가능한 한 오래, 가능한 한 젊게 보이기 위해 작업을 하는 것은 괜찮다고 생각하고 있었다. 30대의 한 백인 여성은 주사 바늘이 무서워서 보톡스를 맞을 생각이 없지만, '어쩌면 3년 후쯤에는……. 더 늙어 보이기는 싫으니까요.'라고 말했다. 이렇게 말하는 사람도 있었다.

"우리 엄마는 예순 둘인데 다다음 주에 얼굴 주름 제거를 받아요. 나는 좋다고 생각해요. 나도 필요해지면 한 번 받을 거예요."

노화를 성형수술의 이유로 보는 사람들 중에서도, 젊음에 집착하는 우리의 문화에 대해서는 비판적인 이들이 많았다. 주름 제거를 고려 중인 56세의 한 백인 여성은 자신이 그녀의 어머니였더라면 이런 수술을 절대로 받지 않았을 것이라며 오늘날의 풍토에 대해 지적했다.

"사람들은 대중매체에 워낙 휘둘려서 이게 그냥 일상적인 거라고 믿어요. 예전 사람들은 성형수술을 극히 드문 일로 생각했죠. 오늘날 사람들은 그것을 마치 하나의 통과의례인 것처럼 보고 있어요. 이상한 외과수술을 그냥 늙어가는 과정의 일부로 보는 거예요!"

이 여성처럼 대부분의 환자들은 젊음에 대한 미국의 집착이 우리를 성형수술로 몰고 간다고 말했다. 또한 대중매체가 젊음에 대한 우리의 집착과 성형미용에 대한 우리의 욕구에 기름을 붓고 있다고도 했다.

몰라서 물어? 대중매체 때문이잖아!

현장 조사란 때로는 빤한 질문들을 던져야만 하는 작업이기도 하다. 환자들에게 성형수술이 왜 이토록 폭발적으로 늘고 있는지 설명해달라고 부탁했을 때, 그들은 당황스런 표정으로 나를 쳐다보았다. 그리고는 '우리의 플라스틱 집착을 부추기는 힘은, 물론 대중매체!'라고 설명했다. 30대의 한 백인 여성은 이렇게 말했다.

"텔레비전은 완전히 독이에요. 그게 젊은이들을 망가뜨리고 있어요. 보톡스와 미용수술을 선전하는 광고들이 너무 많아요. 일주일 전에는 엉망으로 생겼던 여자가 수술을 받고 나니, 보세요, 이제 멋지지 않아요?"

70세의 흑인 여성에게 같은 질문을 했더니, 그녀는 내가 마치 그녀의 지능을 얕보기라도 한다는 듯 한숨을 내쉬었다.

"사람들은 잡지들에 나오는 이야기에 너무 큰 관심을 갖게 되었어요. 당신은 완벽해져야 한다, 당신은 뱃살이 접히지 않는 허리로 해변을 걸어야 한다, 뭐 그런 얘기들이죠. 그러나 우리는 사실 절대로 완벽해질 수 없어요. 잡지들은 모든 사진에 손질을 해서 올려놓지요. 그건 진짜가 아니에요. 현실이 아니라고요. 중요한 건, 그 이미지가 십대들에게 투영된다는 겁니다. 부모가 아이들에게 또래집단과 비교해서 이야기해 주어야 해요. 특히 여자애들한테는. 걔들은 또래들에게 인정받고 싶어 하거든요. 아이들에게 말해줘야 해요. '너는 좋은 사람이니까 너의 있는 그대로를, 너의 가장 좋은 점을 좋게 받아들여라. 너는 완벽해질 수 없어. 네가 완벽해져야 한다고 생각해서는 안 돼.'라고 말이죠."

대중매체가 미용수술의 욕구를 확산시킨다는 인식은 공통적이었다. 그러나 그것이 유일한 이유는 아니다. 성형수술은 또한 정서적, 재정적 안정으로 가는 유력한 길로도 여겨지는 때문이다. 그 길이 비록 완벽과 영원한 젊음을 준다는 엉터리 약 광고로 점철되어 있다고 할지라도 말이다.

나쁜 건 알지만 그래도 좋아!

대다수의 환자들은 성형수술이 더 나은 삶으로 가는 길이라는 데 대해 약간씩은 비판적인 의견을 내놓았다.

"(성형수술의 증가는) 아마도 좋지 않은 일일 겁니다. 성형수술은 자존감이라는 이슈와 항상 연관이 되니까요. 오늘날 세계에는 너무 많은 이슈들이 있습니다. 온 세상 사람들이 고통을 받고 있어요. 삶에서 성형수술에 우선순위를 둔다는 건 너무 얄팍한 생각이죠."

"어떤 사람들은 너무 멀리 갔어요. 안젤리나 졸리의 입술은 안젤리나 졸리에게나 잘 어울리지 모든 사람들에게 다 그런 건 아니지요. 이건 우리가 잡지 같은 데 나오는 십대들의 이미지만 보아서 그래요. 그러나 그들은 십대들이지 나이 든 여자가 아니죠. 우리 사회가 이토록 피상적이라는 게 너무 슬프네요."

서비스업에 종사하는 53세 백인 여성 올가 역시 성형수술의 욕구가 대중매체의 압력이 낳은 불가피한 결과라고 주장했다.

"사회가 우리에게 압박을 가하는 거예요. 온 천지에 모두 그런 쇼들 뿐이고. 그건 마치, 당신에게 조금이라도 보기 싫은 구석이 있다면 수술을 받으러 가야 한다고 강요하는 것 같아요. 나는 호텔에서 일하는데, 일자리 열에 아홉은 제일 예쁘게 보이는 여자들에게 돌아갑니다. 이 바닥이 다 그렇죠."

부동산업을 하는 30대 초의 한 백인 여성은 자신의 친구 이야기를 전했다. 더 잘 살아 보겠다고 수술을 받은 친구가 있는데 결과가 극도로 부정적이었다는 것이다.

"실리콘을 조심하세요. 해변에서 바텐더로 일하는 한 친구가 있는데, 알다시피 돈을 벌려고 그걸(유방 임플란트) 받았지요. 덕분에 주당 2,000달러는 벌었다더군요. 그런데 그게 터졌어요. 덩어리가 양팔로 흘러내려왔죠. 그래서 내내 아프다고 해요. 그게 그녀를 망쳐버렸어요. 식염수로 된 것들은 늘 갈아줘야 해요. 물이잖아요. 샐 수도 있는데다 곰팡이가 끼기도 하니까. 그런 게 몸에 좋을 리가 없죠. 하지만 나 역시 일 때문에 그걸 할 필요가 있었다면…… 글쎄요, 모르겠네요."

모든 사람들이 성형수술에 내포된 위험을 걱정하는 것은 아니었다. 32세의 체격이 큰 백인 여성 티나는 성형수술을 IT산업계에서 자신의 성공가도를 가로막는 장애물을 뛰어넘기 위한 유일한 해결책으로 보고 있다. 그녀는 내게 '복부 지방 제거, 유방 확대, 얼굴 회복 등의 일괄 수술인 생체공학 패키지(bionic package)를 원한다.'고 말했다. 티나는 계획 중인 이 수술들을 '남자들이 지배하는 자신의 업계에서 직업을 지키기 위한 투자.'라고 표현했다. 또한 '화끈한' 몸매를 가진 여성들에게 주어지는 보상을 위한 투자이기도 하다고 말했다.

30대 초의 백인 여성 가이아는 같은 생각을 다음과 같은 식으로 표현했다.

"때로는 성형수술이 정말 '필요'해요. 쌍둥이를 낳은 다음에 복부수술을 받았던 내 친구 같은 경우죠. 아이 낳고 몸무게는 빠졌지만 피부는 늘어지고 온통 튼 자국이었거든요. 나는 수술이 나쁘다고 생각 안 해요. 유방 성형을 받은 스무 살짜리 친구도 한 명 있는데, 수술을 받고는 너무 기분이 좋아져서 바텐더 하던 걸 그만 두고 외과 의사가 되려고 학교에 입학했죠. 그녀는 자신에 대해 진짜로 만족한 채 떠났어요. 미용수술을 받고 자신에 대해 엄청 만족하는 사람들이 많답니다."

성형수술에 어떤 부정적인 면이 있다고 보느냐는 질문에 25세의 백인 남성 빌은 이렇게 대답했다.

"없어요. 자신에 대해 좋게 느낄 수만 있다면 나쁠 게 전혀 없죠."

40대의 아시아계 미국인 미아 역시 미용수술에 좋지 않은 면이란 전혀 없다고 단언했다.

"좋은 거라고 생각해요. 사람들은 젊게 보이기를 바라니까. 수술을 통해서 삶에 대한 더 행복하고 좋은 전망을 가질 수 있으니까. 나이가 들고 온통 주름이 생기면 의기소침해지겠죠. 나는 거울을 봤을 때 이 기미들과 눈 밑의 늘어진 살, 예전엔 없었던 그런 것들이 보이면 우울해요. 그런 것들을 관리하려는 이유가 그거죠. 다시 행복해지기 위해서."

젊은 한 인디언 남성은 '미용수술을 행복에 필요한 요소로 만든 것은 대중매체 자체도, 성형수술 산업도, 심지어 늙어가는 베이비부머들도 아니다.'라고 주장했다. 미국의 문화가 이제 피할 수 없는 '티핑 포인트(tipping point)'에 다다랐기 때문이라는 것이었다. 맬콤 글래드웰(Malcolm Gladwell)이 만들어 낸 이 용어는 인간의 행동이 마치 전염병처럼 일정한 양태를 갖는 방식을 설명하는 말이다.

"아시다시피 성형수술은 예전엔 마이애미, 뉴욕, 로스앤젤레스 같은 몇몇 지역에만 국한된 현상이었습니다. 그러다 그게 퍼져나가기 시작하고, 마침내 티핑 포인트에 다다랐습니다. 이제 우리 모두를 감염시켰어요."

플라스틱 공화국의 의사들

미국의 성형외과 의사들과 이야기를 나누기란 쉬운 일이 아니었다. 말 그대로 이들은 진짜로 바쁜 사람들이다.

그간 찾아갔던 미국의 컨퍼런스들에서, 세션 사이사이에, 점심시간과 커피브레이크 동안에도 미국의 의사들은 내내 네트워크에 접속하느라 바빴다. 그들은 끊임없이 아이폰이나 블랙베리를 들여다보고 있었다. 내 통상적인 현장 작업은 걸어가서 말을 걸고, 나 자신과 내 작업에 대해 소개하고, 혹시 나와 이야기할 시간을 몇 분만 내줄 수 있겠느냐고 물어보는 것으로 시작한다. 이 방식은 베를린에서는 효과적이었다. 거기서는 전 세계에서 모인 의사들이 끊임없이 '접속'하는 대신에 약간의 휴식을 (그리고 담배를) 취하고 싶어 했기 때문이다. 그러나 미국에서는 내 방식이 완전히 쓸모없었다. 미국에서는 성형외과 의사들이 자신의 동료들이나 개인용 정보 기기들에 워낙 단단히 연결되어 있었다. 낯선 사람으로서는 접근할 틈을 찾을 수 없었다.

스마트폰과 SNS 말고도, 미국의 미용수술 전문의들은 또 다른 이유로 남다르다. 그들은 모두 다 비슷비슷하게 보인다. 내 취재수첩에는 이렇게 적혀 있다.

'의사들은 모두 다 남자고, 미용수술 분야의 기자들과 사무실 사람들은 모두 다 여자다. 모든 사람의 성별이 규범적으로 나뉜다. 남자들은 말쑥한 양복과 넥타이, 짧은 머리, 결혼반지. 여자들은 스커트, 힐, 화장, 긴 머리.'

의학 컨퍼런스의 조직위에 있는 한 여성은, 미용수술 전문의가 다른 분야의 의사들에 비해 남성이 훨씬 많을 뿐 아니라 '더 잘 차려입고, 더 매력적이고, 더 잘생겼다.'고 내게 귀띔해주었다. 그 말은 곧, 자신이 보여야 할 모습처럼 보이는 데 있어서는 성형외과 의사들이 나보다 훨씬 낫다는 의미였다.

여러 의사들과 대화를 나누는 데 실패한 다음 날, 나는 전술을 바꾸었다. 드레스를 입고, 검은 솔기가 드러난 꽉 붙는 바지에, 진짜로 좋은 구두를 신고, 화장도 약간 했다. 대다수의 의사들이 걸음을 멈추고 나를 주목하도록 하려면 그 길밖에 없었다. 그래야 내가 '실례지만 몇 가지 좀 여쭤 봐도 될까요?'라고 했을 때, 그것이 그들의 분야에 관심 있는 여자가 던지는 질문으로 들릴 터였다. 나는 외모 치장에 오랜 시간을 써온 여자처럼 보여야 했다.

미리 밝혀두건대 그러한 자태가 '진짜' 내가 아니라는 점은 거의 확실했다. 나는 보통 세서미스트리트의 캐릭터들, 또는 동네 레스토랑 상호가 찍힌 낡은 티셔츠와 청바지를 입고 다닌다. 한 번은 작업수행평가 회의에서 '내 머리 모양이 좀 그렇다.'는 비난을 받은 적도 있다(지미 카터가 대통령이 된 이래로 제대로 빗은 적이 없는 내 머리칼에 대한 얘기다). 우리 집에 있는 화장품이란 모두 내 딸애 것이다.

과연 인터뷰들이 성사된 것은 내가 가장한 '가짜' 자아 덕이었을까? 의사들은 나의 '팜므 파탈(femme fatale)'적인 페르소나 덕에 다소 간 정직한 대답을 해주었을까?

그걸 어찌 알겠는가. 다만 내가 확인한 바, 성형외과 의사들은 그다지 단정치 못한 매무새에 편안한 신발을 신고 있는 전문직 타입의 여자에게보다는 '그들의 미학적 과업'에 보다 명백히 관여된 여자에게 훨씬 더 쉽게 말문을 연다는 것이다. 또한 내가 확인한 것은, 대부분의 의사들이 자신들의 일, 환자들, 업계, 그리고 무엇이 그들의 서비스에 대한 수요를 증가시키는지 등에 대해 놀랍도록 비슷한 생각을 가지고 있다는 사실이다.

그들은 왜 성형외과 의사가 되었나?

내가 인터뷰했던 거의 모든 미국의 미용수술 전문의들은 '재건수술을 거쳐 미용수술로 넘어오게 되었다.'고 말했다. 매일 같이 유방 확대 수술을 하는 이즈음의 일상이 의과대학 시절의 꿈은 아니었다는 것이다.

그러나 이내 소득 대 부채 수준이라는 현실에 직면하면서 그들은 미용수술과 더욱 가까워지게 되었다고 말한다. 미국의학협회에 따르면 2009년 의과대학생들의 평균 부채는 15만 4,607달러로, 졸업생의 79%가 적어도 10만 달러의 빚을 지고 있었다. 《뉴욕 타임스》에 실린 한 기사를 보면 의과대에서 경쟁률이 가장 센 학과는 성형외과와 피부과다. 장래 미용수술 전문의가 되고자 하는 학생들에게 유방 확대 수술은 꿈의 직업이라는 뜻이다. 그러나 많은 학생들이 미용수술 전문의가 되기를 바란다 해도, 그들이 받는 수업은 여전히 재건수술에 초점이 맞춰져 있다. 내가 인터뷰했던 30대 중반에서 60대 중반의 의사들에게 미용수술 전문의란 분명 차선책이었다.

의사들이 담보대출을 받고, 배우자와 자식이 생기고, 아메리칸 드림을 위해 불가피한 비용들을 떠안게 됨에 따라, 그들은 갈수록 재건수술보다 미용수술을 많이 할 수밖에 없었다. 남부 어느 주에서 영업 중인 의사 잭은 이렇게 말했다.

"재건수술만 해서는 먹고 살 수가 없어요. 먹고 살기 위해서 미용수술에 이토록 빨리 의존하게 될 줄은 나도 미처 몰랐습니다. 미용수술을 처음 한 것이 1994년이었는데, 그때는 단지 병원의 손실을 메우기 위한 차원이었지요. 그러나 지금은 그게 중심이 되고 말았습니다. 나는 사람들을 도와주고 싶다는 마음에서 이 직업을 선택했어요. 몇 해 전 크리스천이 되었는데, 아직 재건수술을 완전히 그만 두지 못하는 것은 전적으로 이 때문입니다."

텍사스에 사는 51세의 백인 여의사 케이트 역시 '진지한' 외과의사에서 성형외과 의사로 가는 전형적인 궤적을 밟았다.

"재건수술을 했고, 암 환자들을 많이 다루었어요. 하지만 같은 의사인 남편과 결혼해 아이들이 생기자 새로운 길을 찾아야 했어요. 그래서 1997년에 개업의로 나섰지요. 처음엔 재건수술을 계속 했는데, 지금은 오로지 미용수술만 합니다."

인터뷰를 했던 대부분의 의사들과 마찬가지로 케이트는 자신의 결정에 대해 결과적으로 만족하는 편이었다.

"나는 이 일이 좋아요. 나를 찾아온 여자들을 행복하게 만들어 주니까요. 나는 그들에게 평화를 줍니다. 그리고 그들은 자신들을 괴롭혀 온 문제들에 대해 더 이상 신경을 쓰지 않고, 비키니를 입고 아이들과 즐겁게 놀기 시작합니다."

또 다른 의사는 맨해튼에서 일하는 60세의 백인 남성으로, 그 역시 성형수술을 하는 일이 좋다고 했다. 그것이 '창조적'이며 '예술적'이기 때문이라는 것이다. 하지만 한편으로 '내가 하는 일에 대해서 상충되는 감정을 느끼기도 한다.'고 고백했다.

"환자들은 그걸 좋은 일이라고 생각합니다. 그러나 나는 그게 다 허구일 뿐이라는 걸 그들이 알고나 있는지 의문입니다."

어떤 게 허구냐고 내가 다시 물었다.

"모든 것이죠. 그게 자신들의 삶을 바꾸어줄 것이라는 생각 자체가."

노스캐롤라이나의 한 의사는 자신의 아내와 십대 딸들이 미용수술을 원하지 않아서 정말 다행이라고 내게 말했다. 하지만 그들 가족의 부유한 생활을 가능케 해주는 것이 미용수술이라는 사실은 인정했다.

"나는 아내가 수술을 받지 않기를 바랍니다. 아내는 마흔 다섯 살인데 66kg이고 운동을 싫어합니다. 아이를 셋 낳았지요. 나는 그녀가 아직 예쁘다고 생각해요. 딸은 최근에 살을 많이 뺐습니다. 그러자 가슴이 사라져버렸다는 소리를 자주 하더군요. 그래도 나는 딸이 유방 임플란트를 받는 건 원치 않습니다. 그건 힘들어요. 내가 하는 말이 모순처럼 들리겠지요? 아내와 아이들도 우리의 집과 휴가, 학교 등등에 들어가는 비용이 내가 하는 유방 수술에서 나온다는 걸 알고 있습니다."

'하고 싶어 했던 일은 아니지만, 꽤나 좋은 직업'이라는 감정은 미국의 성형외과 의사들과 가졌던 대부분의 인터뷰에서 공통적으로 드러났다. 다른 나라의 의사들은 자신들이 무슨 일을 왜 하고 있는지에 대해 의견 차이를 드러냈다. 대다수는 자신들이 하는 일에 매우 흥미를 가지고 있었으나, 일부 의사들은 미용수술을 비하하는 가치체계 속에서 갈등을 겪기도 했다. 특히 매우 종교적이거나 특정한 종교(기독교 근본주의나 국가종교인 이슬람)가 지배하는 문화권의 성형외과 의사들은 그 지배적인 신앙체계와 자신의 일을 조화시키는 데 어려움을 겪고 있었다. 더불어 페미니스트를 자처하는 의사들도 자신의 직업이 사실은 여성에 대한 억압이 아닌가 하는 의구심을 가지고 있었다.

이란에 거주하는 의사 파함은, 나라 전체에 미용수술 전문의는 140여 명밖에 되지 않는데 미용수술의 인기는 날로 높아지고 있다고 전했다. 특히 코 수술이 그렇다고 했다. 이란의 다른 두 의사들에 따르면 '코 수술은 도시의 젊은이들 사이에서 첨단의 패션으로 여겨지고 있다.'고 한다. 심지어 방금 코 수술을 받았다는 것을 자랑하듯 코에 반창고를 붙인 채 클럽에 가는 젊은이들도 있다고 했다. 파함이 테헤란에서 하는 수술의 약 85%가 코 수술이다.

"이란에서는, 특히 테헤란에서는 모든 사람들이 위성 텔레비전을 봅니다. 거기 나오는 전 세계의 남녀 배우들 중 코가 울퉁불퉁한 사람은 아무도 없습니다. 심지어 바브라 스트라이샌드도 코 수술을 했지요. 이슬람혁명 이후로 여자들은 베일을 쓰고 다닙니다. 유일하게 보이는 부위라고는 얼굴 밖에 없지요. 그래서 코 수술이 더 중요해진 겁니다.”

여성들은 그들 자신과 남편을 위해 ‘아름다운 코’를 원한다고 파함은 귀띔했다. 최근에는 노화 방지 수술도 늘고 있다고 한다.

아랍에미리트의 한 의사는 코 수술이 인기이기는 하지만, 지방흡입만큼 대중적이지는 않다고 말했다. 현재 그가 하고 있는 수술 가운데 세 번째로 많은 것은 유방 축소 수술이다. 그는 유방 임플란트와 체형 교정의 인기가 점점 높아지고 있다고도 했다. 옆에 서 있던 그의 아내는 불필요하게 몸을 의사에게 보여주는 것이 이슬람 율법에 위배된다는 생각 때문에 ‘많은 여성들이 조심하고 있다.’고 내게 일러주었다. 그러자 그 의사는 그녀의 말을 자르더니 ‘신은 아름다우며, 신은 아름다움을 사랑하신다.’고 지적했다. 그들 부부는 여성들이 수술을 받는 이유가 남편을 위해서라는 데 의견을 같이했다.

성형수술이 결혼 생활에 유용하다는 생각은 일부 미국 의사들과의 인터뷰에서도 나타났다. 특히 남부 주들의 의사들이 그랬다. 아칸소에 있는 기혼의 한 백인 남성 의사는 환자들 중 90%가 여성이라며, ‘미용사로부터 월마트 경영자에 이르기까지 다양하다.’고 전했다. 그러나 그는 이혼을 계획 중인 여성들은 전혀 받을 생각이 없고 잘라 말했다.

“나는 매우 보수적인 의사입니다. 나는 아무에게나 시술하지는 않습니다. 누군가가 인생의 중요한 변화를 감행하려 한다면 그러지 말아야 한다고 충고합니다. 맞벌이 가정의 여성들 중에 자신의 돈으로 지불하겠다고 하는 여성들을 종종 봅니다. 그러면 나는 '당신이 남편에게 이 일에 대해 이야기할 때까지 수술을 해주지 않겠다.'고 말합니다. 어떤 여자든 남편을 떠날 생각으로 이걸 하려고 한다면, 나는 도와줄 수 없습니다. 또는 스트리퍼들도 있는데, 흉곽 바깥까지 덜렁거리도록 가슴을 크게 만들어주지는 않습니다. 나는 성전환 수술도 하지 않고 음경 이식 같은 것들도 안 합니다. 정상과는 다르게 만들어주는 어떠한 수술도 하지 않습니다. 나는 그런 것을 고려해야만 합니다. 수술을 하기 전에 항상 환자들과 기도를 올립니다."

조지아, 앨라배마, 노스캐롤라이나와 사우스캐롤라이나의 의사들 역시 비슷한 생각을 가지고 있었다. 그들은 서류에 기재된 결혼 상태의 변화에 대해 질문하고, 이혼을 고려 중이거나 자주 이혼을 했는데 또 하려는 여성들의 경우에는 단념시키려 노력한다고 말했다. 의사들은 성형수술로 이혼을 돕거나 사주하는 것이 비윤리적이라고 느낄 뿐만 아니라, 그 성형수술 자체가 돈 낭비라고 생각하고 있었다. 예를 들어 남부 어느 주의 의사는 막 이혼을 하려던 어느 고객을 만났을 때의 일을 다음과 같이 전해주었다.

"나는 그녀를 좀 진정시키려고 했습니다. 이렇게 말했죠. '지금 당장 모든 걸 하려고 하지는 맙시다.' 그러면서 얼굴 미백은 약간 할 수 있겠다고 했지요. 비(非)침습적인 것들로. 수술을 받고 나면 그들은 20대들이 바글거리는 바로 가려고 하거든요. 거기가 그들이 마지막으로 데이트를 했던 곳이니까요. 거기서 그들은 20대로 보이고 싶어 합니다. 바에는 분명히 20대 남자들이 많이 있는데, 그놈들은 진짜 20대 여자애들 외에는 관심이 없습니다. 어쩌면 좀 더 나이 든 남자들도 있을 수 있겠지만, 그들도 역시 20대 여자를 찾습니다. 나를 찾아 온 여자들에게 그런 얘기를 하면 바로 일어서서 시내의 다른 의사에게 가리라는 것을 잘 알고 있습니다. 하지만 나는 엄연히 의사이고, 모든 사람을 다루어야 합니다. 해가 되는 일은 하지 않는다, 그게 내 첫 번째 원칙입니다."

상당수의 남부 의사들은 자신이 크리스천이며, 자신이 하고 있는 일이 크리스천의 사명 중 일부임을 믿는다고 말했다. 인터뷰를 했던 한 복음주의파 의사는 예수가 미용수술을 어떻게 생각할까라는 질문에 이렇게 대답했다.

"예수님의 첫 번째 기적은 물을 포도주로 바꾼 것이었습니다. 내가 매일 하고 있는 일이 그런 것 아닙니까?"

예수가 오늘날 여기 살아있다면 아마도 성형외과 의사일 것이라고 믿는 사람은 그 뿐만이 아니었다. 베를린의 국제 컨퍼런스에서 한 연사는 성형외과 의사가 '예수의 육신이 다시 온전해지는 변용(變容, transfiguration)의 순간을 표상한다.'며, '성형수술은 성흔(聖痕)의 고통을 지울 수 있다.'고 말했다.

페미니즘 역시 일부 성형외과 의사들에게 까다로운 신념체계를 선사하고 있다. 30대 백인 여성인 영국의 한 의사는 스스로를 페미니스트라고 밝히고, 현재 우리는 제3의 페미니즘 물결을 맞고 있는 것이라고 말했다.

"희망적이게도 현실은 이제 다른 길로 접어들고 있습니다. 희망적이게도 우리는 그 다른 길로 되돌아와서, 여성이 그토록 날씬해야 한다는 관념과 그토록 날씬한 여성을 모델로 뽑는 관행에 반대할 것입니다.”

미국 남부 주에 있는 50대의 또 다른 백인 여성 의사도 자신의 번창하는 미용수술 영업이 종국을 맞았으면 좋겠다는 희망을 드러냈다.

“지구를 구하는 일이 더 중요하다는 사실을 깨달으면 사람들이 그만 멈추겠지요. 그러면 유기농이나 천연 제품 쪽으로 가겠지요. 살아가는 데 있어서 겉모습보다는 내면의 평화가 더 중요하다는 사실을 알게 되겠지요.”

뉴질랜드의 성형외과 의사 데이비드는 유방 수술을 하면서 극도로 부유한 생활을 누려왔다. 하지만 자신의 일과 페미니스트적 가치관 사이의 단절이 부담스러웠다. 결국 그는 유방 성형에 내재된 ‘여성 혐오’가, 또한 너무나도 단순한 수술을 하고 있다는 지독한 따분함이 자신이 원하던 삶과 맞지 않는다고 판단했다. 데이비드는 그의 호화로운 개인병원을 폐업하고 공중병원으로 돌아가 재건수술을 하고 있다.

과정은 달라도 결론은 하나

국민건강보험 체계를 가지고 있는 나라들의 많은 성형외과 의사들은 아직도 꽤나 많은 건수의 재건수술을 하고 있다. 오스트리아의 한 젊은(34세) 의사는 그가 하는 대부분의 수술이 유방 확대가 아니라 축소라고 밝혔다.

"우리나라는 좀 다른 신체 문화를 가지고 있습니다. 물론 선천적인 기형이나 암의 경우에는 유방의 재건이나 보형 수술도 합니다만, 대다수의 오스트리아인들은 미국인들의 미용수술이 지나치다고 생각하고 있습니다."

유럽 각국의 의사들도 유럽과 미국의 미용수술 관행에 큰 차이가 있다고 입을 모은다. 프랑스의 한 젊은 의사는 내게 이렇게 말했다.

"프랑스에서는 그 같은 과도한 성형이 용인되지 않습니다. 그런데 미국의 여성은 오히려 수술을 드러내고 싶어 합니다. 주름 제거를 했는데 사람들이 알아봐주지 않으면 실망하는 거죠. 수술한 가슴을 사람들이 알아봐주기를 바라는 겁니다."

프랑크푸르트의 한 의사는 독일 정부가 실제로 자국의 미용수술 산업을 규제하려는 노력을 더 강화하고 있다고 전했다.

"예를 들어 우리는 수술 전과 후 사진을 광고에 더 이상 싣지 못하게 되었습니다. 정부는 사람들이 너무 어리석어서 스스로 생각할 줄 모른다고 여기는 모양입니다. 정부는 환자들을 보호하기 위해서 그렇게 한다고 말합니다. 그러나 미국에서는, 무엇이든 다 되지요."

런던 어느 공중병원에 재직 중인 여성 의사는 자신이 복부 성형과 쌍꺼풀, 유방 축소 수술 등을 다 하고 있는데 국민건강보험에서 그 비용들이 지불되기 때문이라고 했다. 영국의 국민건강보험은 또한 정신과 의사가 '필요하다.'고 결정할 경우 유방 확대 수술과 성전환 수술에도 보험을 지급한다. 여기에는 개인이 선택한 성별로 살아가는 데 도움이 될 수 있는 지방흡입 등 기타 미용수술도 포함된다.

대다수의 서유럽 의사들은 자신들이 속한 나라의 미용수술 산업이 미국과는 극명하게 다르다고 본다. 반면 남아메리카의 의사들은 자신들이 하는 일이 미국과 비슷하며, 유럽과 다르다고 말한다. 43세의 칠레 의사 마르타는 아메리카의 남과 북이 미용수술 관행에서는 서로 비슷하다고 강조했다.

"남과 북의 양 아메리카 사람들은 유럽인들과 다릅니다. 유럽인들은 주름을 인생의 일부로 여깁니다. 그러나 아메리카 사람들은 더 젊어지기를 원합니다. 유럽에서는 이미 모든 것이 늙었고, 모든 것이 다 이루어졌습니다. 끝난 거지요. 사람들은 일도 덜 합니다. 그들은 끝났습니다. 진화가 계속되는 것일까요, 아니면 사람들이 퇴화하고 있는 것일까요? 유럽 사람들은 그저 현재의 삶에 안주하기를 원합니다. 유럽에서 성형수술은 아직도 극히 신중하게 이루어집니다. 유럽에 갈 때마다 사람들을 만나면, 내 직업을 알고 나서 이렇게들 말합니다. '오, 안 돼요. 우리는 품위 있게 늙어가야만 합니다.' 그래 놓고는 다음 날 조용히 찾아와서 내게 조언을 구하곤 하지요."

콜롬비아 출신으로 미용 및 재건수술을 하고 있는 어느 40대 의사는 자신의 일이 미국의 의사들과 비슷하기는 하지만 남과 북의 문화는 극명하게 다르다고 주장했다.

"미국에서는 사람들이 좋은 일자리를 갖기 위해 젊고 건강하게 보여야 합니다. 또한 나이 든 사람들을 '처리'해야 합니다. 미국에서 늙은 사람은 거의 버려지지요. 콜롬비아에서는 다릅니다. 가족이 여전히 매우 가깝게 지내기 때문입니다. 내가 뉴욕에 살 때, 이웃의 나이 든 여성 한 분에게 인사를 한 적이 있습니다. 그러자 그녀는 걸음을 멈추고 거의 울먹였어요. 근래 한 달 동안 그녀에게 말을 건 사람이 아무도 없었다는 겁니다. 늙은 사람은 마치 보이지 않는 유령 취급을 받아요. 미국에서 사람들이 젊게 보이고자 하는 건 너무나 당연합니다."

인도 델리에 있는 68세의 여의사는 인도의 미용수술 수치가 미국과 유럽 양쪽 모두와 다르다고 말했다.

"미국에서는 성형수술의 90%가 미용수술이며, 영국은 약 50% 정도지요. 인도에서는 성형수술의 약 10%만이 미용수술이며, 나머지는 다 재건수술입니다. 거지에게는 미용수술이 아무 의미가 없기 때문이라고나 할까요? 사람들은 주름 제거가 아니라 음식에 관심이 있습니다."

하지만 그녀 자신은 오로지 미용수술만 하고 있었다. 32년 동안 주름 제거 수술을 해왔다는 것이다. 노화 방지 수술의 이유는 세계 어디서나 똑같다고 그녀는 생각한다.

"사람들은 멋지게 보이기를 원합니다. 여기서는 아내 아닌 남편이 이곳저곳을 손보는 경우도 종종 있어요."

플라스틱 공화국의 과학기술

라스베이거스의 만달레이 베이 리조트 내에 있는 시원한 강의실에 앉아 나는 미용수술 산업을 추동하고 있는 모든 '기술적 약진들'에 대한 글을 쓰고 있었다. 돼지에서 추출한 줄기세포를 이용한 유방 성형과 충전재를 이용한 일시적인 유방 성형, 그리고 기타 젊음과 아름다움의 영약들이 '차세대 주역'으로 거론되고 있다는 둥의 내용을.

그날 강의실에서 나와서 바닷가 마을에서 온 한 의사(백인, 남성, 63세)를 인터뷰했다. 그는 셀룰라이트(부문 비만) 치료 분야에서 차세대의 주역 기술 가운데 하나(그러나 아직은 비밀)를 자신이 가지고 있으며 그것이 곧 미용수술 산업을 혁신시킬 것이라고 주장했다. 그와 마찬가지로, 내가 인터뷰했던 상당수의 의사들과 대다수의 재료 공급 업체들은 미용수술 수요가 이토록 늘어난 첫 번째 이유로 과학기술의 진보를 꼽았다.

코네티컷에 사는 50세의 의사 브래드는 수요를 몰고 오는 것이 기술이라고 굳게 믿었다.

"사람들은 갈수록 오래 살고, 더 열심히 자신들을 돌봅니다. 거울을 보면서 자신의 외양이 마음만큼 젊게 보이기를 바랍니다. 우리는 그런 기술을 가지고 있습니다. 사람들을 바꾸고 개선해주는 기술이죠. 실은 나 자신도 그 덕을 좀 봤지요. (…) 작년에 딸이 고등학교를 졸업했을 때, 나는 뭔가 깨달았습니다. 그날 찍은 사진들 속에서, 백발이 희끗희끗하고 목살이 늘어진 낯익은 남자가 보였습니다. 바로 나였습니다! 그건 내가 가지고 있던 내 육체의 이미지가 아니었습니다. 그래서 레이저 수술을 약간 했습니다. 조금 팽팽하게 당겨 올렸지요."

또 다른 50세 백인 남성 의사는 앨라배마 사람인데, 새로 개량된 실리콘 임플란트와 새로 개량된 '배꼽을 통한' 임플란트 기술로 15분 이내에 유방 성형을 할 수 있다고 말했다. 전형적인 포드식 생산양식처럼, 그는 모든 것을 값싸게 만들 수 있다고 믿었다. 그렇게 엄청난 양의 일을 해낼 수 있기에 거기서 절감되는 비용을 소비자들에게 돌려줄 수 있다고도 했다. 그가 얼마나 저렴하게 수술을 해주는지 알게 되면 소비자들은 더욱 진지하게 임플란트를 고려하게 될 것이다.

미용수술 제품 공급자들은 자신들이 제공하는 제품들이 수요를 창출한다고 보고 있다. 한 공급자는 미용수술의 수요에 대해 이렇게 말했다.

"수요는 혁신 사이클에 따라 변동합니다. 무언가 새로운 것이 발명되면 새로운 열기가 일어납니다. 그 열기가 소비자들로 하여금 그 제품들을 원하도록 몰고 갑니다. 그리고 그 제품들이 다시 혁신을 몰고 오지요."

플라스틱 공화국의 텔레비전

환자들과 마찬가지로 상당수의 의사들도 그들의 업계에 불을 지피는 것이 대중매체라고 인정하고 있다. 일부에게는 이것이 나쁜 소식이지만 또 다른 일부에게는 좋은 소식이다. 미국 남부의 한 백인 남성 의사는 이렇게 말했다.

"제 환자들은 항상 〈닥터 90210〉* 이야기를 합니다. 저희 병원 직원들은 모두 여성인데, 그들 역시 그렇습니다. TV 쇼

* 비벌리힐스에 사는 부유층들의 성형수술에 관한 내용을 다룬 TV 리얼리티 시리즈 – 옮긴이

들은 확실히 제 영업에 영향을 미칩니다. 방송 다음 날에는 항상 사람들이 몰려들어요. 심지어 좋지 않은 소식도 손님을 늘려주지요. 거의 죽을 뻔했던 어떤 랩 가수의 아내가 방송을 탄 경우에도 다음 날 손님이 늘었거든요. 그런 소식을 들은 사람들은, 특히 수술을 좀 받았던 여자들은 이렇게 말합니다. '내 가슴 수술은 너무 잘됐어.' 그래서 손님이 늘어나는 겁니다."

캘리포니아에서 유방 임플란트물을 공급하는 30대의 라틴계 남성 역시 대중매체가 수요를 몰고 온다고 생각했다. 그러나 문화적으로 아주 특정한 방식을 보인다고 했다.

"우리는 미용 추구 사회에 살고 있습니다. 그건 문화적인 현상입니다. 다 대중매체에 의한 거지요. (거의 모두가 백인인 맨해튼의 시민들을 가리키며) 주위를 둘러보세요. 우리가 어떤 지역에서 살고 있는지가 가장 중요한 요인입니다. 흑인 여성들 중에서 이 수술을 하는 사람이 몇이나 되겠어요? 그들은 보다 현실적이지요. 성형수술은 대개가 백인 여성의 관심사입니다. 요즘은 아시아 사람들도 그걸 하긴 하지만……. 미국은 초개인주의적인 곳입니다. 오로지 관심 있는 일은 이런 거예요. '내 일자리는 괜찮아? 어떤 차를 몰지? 내 엉덩이 모양이 어때?' 절대로, 내 이웃은 어떻게 지내는지 묻지 않습니다. 나는 이런 사람들을 조금도 동정하지 않습니다. 이봐, 그걸 꺼버려! TV를 끄라고, 제발 좀!"

뉴욕의 한 의사는 리얼리디 TV 쇼가 그의 환자들에게 미지는 영향에 하도 질려서, 미셸 푸코와 그다지 다르지 않은 방식으로 머리를 완전히 밀어버렸다.

"제 환자들은 대중매체의 영향을 너무나 심각하게 받고 있어요. 그들은 모두 열두 살 소년처럼 보이고 싶어 하죠. 대중매체에 너무 휘둘러서 자신들의 주체성을 상실한 겁니다."

세계 각지의 의사들 역시 할리우드가 미용수술의 수요를 늘리고 있다는 데 동의한다. 35세의 한국 의사는 모든 사람들이 ('쌍꺼풀'을 갖기 위해) 눈 수술을 받으려고 한다고 말했다. '미국의 영화배우처럼 보이고 싶어 하기 때문'이라는 것이다. 이란의 한 의사는 디즈니가 '페르시아인들의 코를 문제거리로 만들었다.'고 지적했다. 아르메니아, 프랑스, 독일, 에스토니아, 그리고 영국의 의사들도 〈닥터 90210〉이나 〈익스트림 메이크오버(Extreme Makeover)〉 같은 성형수술 쇼가 방송된 다음 날이면 새로운 환자들로 사무실이 넘쳐난다고 입을 모았다. 남아메리카 콜롬비아의 한 의사는 '자신의 병원으로 오도록 사람들을 자극하는 것은 분명히 할리우드의 쇼들'이라고 말했다.

"제 동료들 가운데 일부는 이 쇼들을 긍정적으로 생각하기도 합니다. 광고나 마찬가지라는 거지요. 그 덕분에 환자들이 늘어난 것은 분명합니다. 그러나 이 쇼들은 미용수술을 마치 미용실에 가는 것 같은 일상으로 표현함으로써 현실을 왜곡합니다. 그것은 위험한 전략입니다."

독일의 한 의사는 환자들이 종종 할리우드 유명인들의 사진을 가지고 와서는 '이 사람처럼 보이게 해주세요.'라고 말한다고 전했다.

이처럼 환자들과 마찬가지로 의사들도 '몰라서 물어? 대중매체 때문이잖아!'라고 이해하고 있다. 하지만 대다수의 환자들과는 달리

의사들은 우리가 입고 있는 옷의 재단과 형태, 즉 패션 또한 우리의 육체를 바꾸려는 욕구의 한 결과물이라고 생각했다.

플라스틱 공화국의 패션산업

50대의 한 백인 미국 의사에 따르면, '성형수술은 거의 모든 사람들을 과체중처럼 보이게 하는 의복 때문에 생긴 불가피한 결과다.'

"패션이 문제에요. 로컷(low-cut) 청바지들 말입니다. 그 바람에 복부 지방 제거를 점점 더 낮게 할 수밖에 없습니다. 사람들은 더 많이 잘라달라고 하는데, 그러면 나는 아예 비키니나 청바지를 입고 오라고 합니다. 거기에 맞춰서 수술해주겠다고. 그런데 그것들은 너무 로컷이라 그런 걸 입으면 누구라도 흉하게 보여요. 나는 내게 일거리를 가장 많이 가져다 준 것이 바로 그런 청바지라고 항상 말합니다. 사람들이 끼워 맞춰 입으려는 그 옷들 말이죠. 티셔츠는 문제도 아닙니다. 사람들은 브라나 다름없는 상의로 가슴을 꽉 조이게 입고는 내 사무실로 찾아옵니다."

남부 주의 한 백인 의사는 최근 자신의 아내가 유방 임플란트를 받았다며 이렇게 말했다.

"나는 아내가 그걸 하지 않기를 바랐어요. 그러나 요즘 패션이 워낙 그런지라 아내는 맞는 옷을 구할 수가 없었어요. 수영복도 찾기 어려웠습니다. 가슴이 훤하게 다 드러나는 것들 뿐이죠. 날씬한 복부도 마찬가지입니다. 옷들이 갈수록 그런 부위만 강조하고 있습니다."

롱아일랜드 해변 마을에서 온 43세의 또 다른 백인 남성 의사의 말은 이랬다.

"사람들이 여름 내내 보트 위에서 지낸다는 사실은 멋지게 보이기를 원한다는 뜻입니다. 비키니는 필수죠. 따라서 체육관에서 운동을 열심히 해야 합니다. 미용수술도 물론 열심히 받고."

많은 성형외과 의사들은 질 성형수술이 음부의 제모와 직접적인 관련이 있다고 설명한다. 남부 주의 한 백인 남성 의사는 이렇게 되물었다.

"음모를 깎지 않았다고 해서 신경 쓰일 사람이 사실 어디 있겠습니까? 그걸 누가 알아챌 수 있겠느냐고요. 이건 큰 유방이나 팽팽한 복부의 경우와도 같습니다. 그 부분을 더 강조하는 옷들 때문에 문제가 되는 거죠."

미용수술의 수요 증가를 부추기는 것이 과학기술, TV, 그리고 끈 팬티라는 의미다. 의사들과 관련하자면, 미용수술의 수요 증가는 의사들의 행동 자체로 인한 결과가 거의 확실히 아니라는 주장이다. 사실 의사들은 자신들의 역할을 '단지 고객의 수요에 맞추고 있을 뿐'이라며 극구 축소하려 한다. 심지어 나의 얼굴을 가리키며 무엇이 잘못 되었고 무엇이 필요한지를 지적하면서도, 의사들은 단지 자신의 일을 하고 있다고만 말했다. 그들의 사무실 밖에서, 그들이 통제할 수 없는 어떤 문화에 의해서 형성된 수요에 응답해주고 있을 뿐이라는 것이다.

우리 업계는 무죄!

/

환자들에게 수술의 욕구를 심어준 사람이 의사들 자신이라고 순순히 인정하는 의사는 없었다. 30대 초반의 인디언계 미국인 의사는 최근 미용수술을 시작했는데, 미용수술의 수요가 차라리 없어지면 좋겠다고 생각하고 있다. 하지만 그는 자신이 그 일을 그만둔다 하더라도 다른 누군가가 하리라고 지적했다. 이 부분을 강조하기 위해 그는 한 여성에 관한 이야기를 들려주었다.

임신 7개월이 된 여성이 그의 사무실로 찾아와 보톡스 주사를 놓아달라고 했다. 남편이 그녀에게 너무 피곤해 보인다고 투덜댔다는 것이다. 그는 임신 중에는 보톡스를 맞을 수 없다고 그녀에게 일러주었다.

"예쁘게 보이려는 걱정은 그만 하고 아기를 건강하게 태어나도록 해주세요. 만약 아기에게 해가 되는 일을 벌인다면 영원히 스스로를 용서할 수 없을 테니까요. 그건 평생의 문제입니다. 임신으로 얼굴에 나타나는 단기적인 문제와는 다르죠."

물론 그 여성은 시내에 있는 미용 스파에 가서, 전문가도 아닌 사람에게 주사를 맞았다.

"그러니 어쩌겠어요?"

그는 어깨를 으쓱이며 물었다.

그러나 미용수술 전문의들이 여성의 육체를 고쳐날라는 수요에 수동적으로만 응하고 있는 것은 결코 아니다. 역사학자 엘리자베스 하이켄(Elizabeth Haiken)이 지적했듯 의사들은 미용수술에의 욕구를 창출하는 데에도 적극적인 역할을 맡고 있다. 소비자들의 성형을 향한 욕구는 다만 TV나 패션 등을 통한 문화적 메시지의 결과물만은 아닌 것이다.

그것은 매일, 거의 모든 의사들의 사무실에서 상담 과정을 통해 창출된다. 의사가 적합하며 바람직하다고 믿는 바와 환자들의 요구가 맞아떨어지든 아니든 관계없다. 이 세기 내내 의사들은 환자들의 요구에 동의하여 유태인의 코는 더 작게, 아시아인의 눈은 더 크게 떠지도록, 어떠한 라인과 주름들은 희미해지도록 노력해왔다.

상당수의 환자들은 처음 성형외과 의사들을 찾아갔을 때 '고칠 만한 데가 전혀 없다.'는 말을 듣기를 기대했다고 내게 말했다. 하지만 그들이 들은 것은 무엇이 잘못 되었고 그것을 고치려면 무엇을 해야하는지를 나열한 긴 목록이었다. 나 역시 그랬다. 다음은 내가 이 책을 위해 만났던 의사들로부터 들었던 충고들이다.

"당신은 팔자주름을 당겨 올려야 합니다."

"안면 주름 제거를 받아야겠군요."

"코 수술을 생각해보신 적이 있나요?"

"유방 임플란트와 주름 제거를 하면 눈꺼풀 처짐과 볼륨 상실에 도움이 될 겁니다."

"유방 임플란트는 당신을 덜 남성적으로 보이게 해줄 겁니다."

"둔부 임플란트를 생각해보신 적이 있나요? 팔자주름을 없애줄 필러(filler) 주사는요?"

"눈꺼풀 주름 제거가 필요하겠네요."

"지방흡입을 약간 해야 할지도……."

"당신은 쥬비덤, 보톡스, 입술 임플란트, 미세 박피술을 반드시 받아야 합니다."

"한 잔 해야겠군요!"

'한 잔 해야겠다.'는 마지막 멘트는 여성 성형외과 의사들의 칵테일 파티에서 만난 한 의사가 한 말이었다. 사실 여성 성형외과 의사들로 가득찬 방도 사회학자들의 모임과 별반 다르지 않았다. 옷은 조금 더 잘 입은 듯도 했지만 헤어스타일이나 잠을 푹 자고 싶어 하는 그 '표정들'만큼은 거의 비슷했다. 파티의 여성들 중 한 명은 자신도 성형외과 의사로서 적어도 보톡스만은 정기적으로 맞고 싶다고 내게 말했다.

"그러나 시간이 어딨어요? 나는 애가 둘이고 남편도 있어요. 내가 얼마나 늙어 보이는지에 대한 걱정은 고사하고, 제때 머리를 자르고 염색을 하러 갈 시간도 낼 수가 없는 걸요."

나는 수긍의 뜻으로 고개를 끄덕였다. 한 사람의 전문가이자 동시에 한 사람의 여성으로 살아가야 한다는 이중의 부담이 우리 둘을 무겁게 짓누르고 있었다. 그러던 그녀는 몸을 기울여 나를 더 자세히 들여다보았다. 나는 '내가 손대야 할 것들'에 대한 그녀의 충고를 얌전히 기다렸다. 과연 내 몸의 어떤 부위를 고쳐야만 한다고 그녀는 진단할 것인가?

"당신, 뭐가 필요한지 알아요? 한 잔! 나 역시."

그녀는 내게 화이트 와인 한 잔을 건네주고 나서 잔을 부딪쳤다.

우리는 우리의 직업과 우리의 아이들을 위해 건배했다. 그녀는 나의 팔자주름이나 자신의 늘어진 턱 라인에 대해서는 한 마디도 하지 않았다. 그 순간 나는 생각했다. 어쩌면 우리는 플라스틱에서 벗어날 수 있지 않을까? 나는 그녀에게 강한 연대감을 느꼈다. 거기에 어떤 희망이 있을지 모른다는 기대감이 들기도 했다.

제 5 장

플라스틱 공화국의 성장

우리의 문화에서 마흔이 넘는다는 것은 하나의 '문제'로 여겨진다. 이 문제는 특히 여성들에게 더욱 성가시다. 마흔이란, 여성들이 정당하게 성적 욕구의 대상으로 여겨질 수 있는 마지막 10년이 끝난, 종국의 시작을 의미하기 때문이다. 팝계의 슈퍼스타 마돈나가 쉰으로 접어들었을 때《베니티 페어》지의 기자는 이렇게 썼다.

"마돈나는 8월이면 쉰 살이 된다. 마돈나는 섹스를 팔아 재산을 벌었다. 이제 마돈나와의 섹스를 상상하는 것이 페티시(fetish)*처럼 여겨지면, 그녀는 무엇을 팔아야 할까?"

50세의 여성에게서 성적 매력을 찾는 것은 구두와 섹스를 하고자 하는 행위처럼 변태적인 취향이라는 소리다. 이처럼

> * 이성의 특정한 물건을 통해 성적 쾌감을 얻는 취향. 일종의 성적 기벽 – 옮긴이

특정 연령의 여성들은 페티시가 된다. 정상적인 성적 욕구의 대상이 아니다. 게다가 이는 다른 누구도 아닌 마돈나를 두고 한 말이다. 지극히 편집증적인 운동과 미용술의 개입 덕분에 아직도 '완벽한' 몸과 얼굴을 지닌 마돈나 말이다.

성적 대상으로서의 마돈나에 대한 혐오는 마흔으로 접어든 나를 초조하게 만들었다. 나보다 10년이나 나이 든 마돈나의 육체와 달리, 내 마흔 살 육체는 이미 너무나 무너져 있었다. 예전의 나는 운동을 무척 좋아하는 편이었는데, 얼마 전 무릎을 상해서 수술까지 받아야 했다. 몇 주 동안 침대에 누워, 진통제를 너무 맞아 별다른 활동도 하지 못하는 상태로, 책을 읽거나 TV를 보며 지냈다. 그러는 와중

에 여성지와 대중문화 잡지들을 뒤적이고 성형수술에 관한 TV 쇼를 시청했다. 그것은 마치 체내에 면역결핍바이러스(HIV)를 주입하여 수두(水痘)를 고쳐보려는 것과 같았다.

나이 든 육체의 추함에 대해 약간의 불길한 느낌만을 가지고 있던 나는 TV와 잡지를 보면서 이윽고 내 몸의 모든 부위에 대해 완전한 혐오감에 빠졌다. 특히 내게 '늙은' 표시를 나타내는 부위들에 대해서 그랬다. 너무 작은 내 가슴은 약간 늘어지고, 볼에는 주름이 잡히고, 두 번의 임신을 거친 배에는 갈라진 자국이 남아 있었다. 그것들은 바라지 않게 망가진 상태에 대한 저주의 징표처럼 떠돌았다.

수술에서 회복된 후에야 나는 다시 TV와 대중문화 잡지들을 무시하는 생활로 돌아왔다. 무릎도 괜찮게 나았다. 내 몸은 마흔을 앞둔 평상을 되찾았다. 나는 무너지고 있는, 혐오스러운, 역겨운 내 몸을 점차 덜 의식하기 시작했다. 마흔으로 접어드는 문제는 여전히 거기 있었지만, 점점 희미해져서 덜 아프게 되었다. 마치 수두에서 저절로 치유된 육체처럼. 그러나 잠재적으로 치명적인 바이러스에는 여전히 감염된 채로.

'특정 연령'이 된 시점을 되짚어 보면서, 나는 나를 감염시켰던 것이 '평범한 추함'이었다는 사실을 깨달았다. 평범한 추함은 우리 모두가 경험하는 것이다. 갈라진 자국, 셀룰라이트, 주름, 중력의 부하로 인한 처짐 따위 말이다. 이런 평범한 추함은 우리가 아무리 피하려 한들 피할 수 없는 것들이다. 따라서 이런 것들에 '추하다.'는 형용사를 붙이는 것은 올바르지 못하다. 그럼에도 우리는 이를 추하다고 생각한다. 또는 그렇게 느낀다. 그렇게 교육을 받았기 때문이다.

지금부터 평범한 육체, 특히 중년 여성의 평범한 육체가 추하다고 말하는 일부 문화적 각본들에 대해 살펴보자.

플라스틱 이데올로기 콤플렉스

/

"내 인생에서 변치 않는 철학은 한 가지다. 외모 중심의 우리 사회에서 아름다움은 모든 사람의 직업적, 정서적 성공에 있어 매우 중요한 요소라는 것이다. 좋건 나쁘건, 세상이 그렇다. 그것을 받아들이든지 아니면 바위 밑에 들어가 살든지."

성형수술에 대한 자신의 변명을 담은《남자들은 어리석어… 큰 가슴을 좋아해》에서 조앤 리버스(Joan Rivers)는 성형수술이 현대인의 삶에서 피할 수 없는 부분이라고 강조하고 있다. 그녀는 알고 있을 것이다. 자신이 완벽하게 매끈하고, 완벽하게 가꾸어진 70대의 심벌이 되었다는 사실을.

리버스는 대학시절에 코 수술을 했고, 40대 초에 첫 주름 제거 수술을 받았으며, 이후로도 꾸준히 이곳저곳을 찢고 꿰매었으며, 매달 비외과적인 미용 '보수'를 받아왔다. 그 결과 리버스는 그녀 나이의 절반쯤으로 보인다. 그녀의 아주 매끈한 (그리고 간신히 움직일 수 있는) 얼굴은 미용 가면을 보는 듯하다. 하지만 그 아름다움에는 과도한 수술들의 희미한 자국이 약간 남아 있다. 거의 알아채기 힘들지만, 왼쪽과 오른쪽 눈이 미미하게 다르다. 시간과 중력에 맞서 끝없이 싸워온 결과임이 분명하다. 물론 리버스가 전혀 그녀 나이의 늙은 여자로 보이지 않는다는 점만은 부인할 수 없다.

리버스는 TV 스타다. TV와 영화 스타들은 자신들이 살고 있는 2차원의 공간에서 멋지게 보이기 위해 언제나 미용수술의 기적을 한껏 활용해왔다. 그런데 어떻게 해서 '나머지 우리들'조차 완벽한 플라스틱 육체를 욕망하게 되었을까? 평범한 삶과 평범한 육체를 가진 평범한 여자와 남자들이 어떻게 플라스틱이 필요하다는 생각을 하게 되었을까? 정답은 '플라스틱 이데올로기 콤플렉스'에 있다.

플라스틱 이데올로기 콤플렉스란, 성형과 관련해서 강력한 메시지를 전하는 문화적 각본들의 집합을 말한다. 그것은 워낙 도처에 편재해 있어서 가히 지배적이라고 부를 만하다. 달리 말해 미용수술의 '필요'는 누구도 피해갈 수가 없을 지경이다. 광고와 TV 쇼, 영화와 잡지들을 통해 우리는 나이 들어가는 얼굴과 불완전한 육체에 대해 미용술의 개입을 원하도록 배운다.

이러한 필요는 오늘날 우리의 문화적 정신 속에 너무나 단단하게 뿌리를 박고 있어서, 이제 미용수술을 포용하는 것이 하나의 '상식'처럼 되었다. 왜 우리가 더 아름답게, 더 젊게, 더 날씬하게, 더 여성스럽게, 더 낫게 보이고 싶어 하지 않겠는가? 성형수술을 받을까 말까는 더 이상 고민거리가 아니다. 언제 어디서 어떻게 받을 것인가가 문제일 뿐이다.

'성형미용을 받아들이든지 아니면 바위 밑에 들어가 살든지!'

리버스는 농담을 한 것이 아니다. 그녀는 플라스틱 이데올로기를 진지하게 공표한 것이다. 우리가 더 이상 피해갈 수 없는 그 이데올로기를 말이다. 우리가 진짜로 바위 밑에 들어가 산다고 하더라도, 거기서 기어 나올 때마다 우리는 완벽한 공격을 당할 수밖에 없다. 길거리 광고판과 버스 옆면, TV와 영화, 심지어 심야 뉴스에서도 그것들은 튀어나온다. 도처에 널린 잡지 가판대들에서도 그렇다. 〈켈리 리파, 성형수술을 마다하지 않다〉라거나, 〈제시카 심슨, "성형수술을 받겠어요!"〉라거나, 〈리브 타일러, '분명히' 성형수술을 원한다〉 등의 잡지 제목들이 우리의 눈을 끌어당긴다. 《피플》지의 이런 최근 제목들은 스타들이 요즘 하는 게 바로 성형수술이라고 우리에게 일러준다. 누군들 스타처럼 되고 싶지 않겠는가?

갈수록 많은 미국인들, 특히 여성들에게 성형수술이 '해결책'으로 떠오른 까닭이 이것이다. 플라스틱 이데올로기 콤플렉스는 우리로 하여금 어떤 특정한 방식으로 보이거나, 아니면 수술을 받도록 요구하는 플라스틱 선전을 낳았다. 그 선전은 완전히 인간답게, 적어도 완전히 여성답게 살기 위해서는 무엇이 필요한지에 대해 우리에게 지시를 내린다. 사회학에서는 이러한 지시를 문화적 각본이라 부른다. 문화적 각본은 우리 삶의 동선과 동작 신호, 의상과 무대 배경을 지시한다.

우리가 어떤 각본에 얼마나 충실히 따를 것인가의 여부는 개인에 따라 그리고 집단에 따라 달라진다. 조앤 리버스는 플라스틱 미용이라는 연극의 뛰어난 배우다. 나는 각본이 지시하는 내 동선들을 제대로 따라가지도 못한다. 우리의 행동은 대체로 플라스틱 선전에 의해 형성되지만, 그것에 의해 완전히 결정되지는 않는다.

우리 중 일부는 조앤 리버스처럼 주의 깊게 각본을 따른다. 한편으로 이 사회의 변방에 있는 사람들은 이러한 각본들에 저항하며 자신들만의 삶을 조직한다. 수염이 나도 그냥 놔두고, 다리털을 깎지 않고, 머리 염색도 전혀 하지 않는 여성들이 그들이다.

그리고 나머지 대대수의 우리는 각본에 따르면서 동시에 저항한다. 우리는 단지 너무 당혹스러운 경우가 발생하지 않는 범위 내에서 더듬더듬 미용을 수행해갈 수 있기를 희망한다. 우리는 자신의 플라스틱 미용에 대해 기립박수를 기대하지는 않는다. 그러나 우리는 또한 이 연극의 참혹한 배우가 되어 썩은 과일이 날아오기를 원치도 않는다.

플라스틱 공화국의 미용 산업

플라스틱 공연은 미용과 다이어트 산업, 그리고 자기 개선 같은 다른 문화적 각본들 속에 효과적으로 녹아들어갔다. 수많은 학자들이 지적한 대로 미용과 다이어트 산업은 미국 여성들을 '육체 프로젝트'에 팔아넘겼다. 여성들은 자신이 가진 대부분의 자원을 외모에 투자하는데, 그렇지 않으면 실패를 받아들여야 한다. 육체 프로젝트는 우리들을 더욱 더 많이 팔아먹는 데만 골몰하고 있다. 이를 위해 우리로 하여금 더욱 더 열등감을 느끼도록 만든다. 미용의 요구 수준이 올라가기만 할 뿐 절대 내려오지 않는 것은 이 때문이다.

19세기 말에 태어난 우리 할머니는 머리를 염색한 적이 없고 립스틱도 바르지 않았다. 할머니가 보기에 치장에 신경을 쓰는 것은 여배우 또는 창녀나 할 짓이었다. '평범한' 여자란 좋은 엄마와 아내여야 했다.

1920년대 생인 나의 어머니는 십대 후반에 외모에 관심을 갖기 시작해 머리를 염색하고 다이어트를 했으며 성인이 된 후 2~30년 동안 립스틱을 발랐다. 하지만 그녀 세대의 대다수 여성들이나 마찬가지로 아이들을 출산한 이후로는 외모에 신경을 쓰지 않았다. 늦은 중년이 되자 어머니는 '그냥 생긴 대로 사는 것'이 당연하다고 믿었다.

어머니에게는 여동생이 한 명 있었는데, 그녀는 끊임없이 몸을 가꾸었다. 그녀는 늘 하이힐을 신고 다녔고, 두터운 파운데이션과 아쿠아블루 아이섀도우로 얼굴을 칠하고, 어마어마하게 틀어 올린 금발에 60대 이후까지도 염색을 했다. 어머니는 이러한 행동을 도덕적으로 수상쩍게 여겼다. 계속해서 미용에 관심을 갖는다는 것은 다른 여자의 남편들과 바람을 피우고 싶어 한다는 확실한 표시라고 생각했다. 어쩌면 그보다 더 나쁜 뜻인지도 몰랐다. 어머니가 아직 살아 계신다면 딸인 나나 손녀들에 대해서 어떻게 생각하실지 궁금하다.

나 자신으로 말하자면, 20대의 몸매를 40대까지도 계속 유지하기 위해서 수많은 시간을 투자했다. 딸들을 낳은 후에도 최소한 그러려고 노력은 했다고 생각한다. 내가 몇 살쯤이나 되면 더 이상 염색이나 운동을 하지 않게 될지 잘 모르겠다. 한두 해 안에 그렇게 되지 않을 것만은 확실하다.

내 딸들은 사춘기가 되기 전에 미용(제모와 화장과 염색)을 시작했다. 그리고 아주 나이 든 노파가 될 때까지도 그 일을 계속 하리라는 데에는 의심의 여지가 없다.

역사학자인 조앤 제이콥스 브럼버그(Joan Jacobs Brumberg)는 소비자 본주의가 우리로 하여금 예전에는 들어보지 못한 문제들에 열중하도록 만들고 있는 한, 육체 프로젝트는 계속해서 커질 것이라며 그 확고한 증거들을 제시했다.《육체 프로젝트 : 미국 여자들의 내밀한 역사》에서 브럼버그는 한 세기에 걸친 젊은 여성들의 일기들을 읽고, 그녀들에게 기대되는 것들이 시간이 흐를수록 오로지 늘어만 가는 이유를 보여주었다. 그러면서 이렇게 주장했다.

"오늘날의 미국 여자들은 과거의 젊은 여성들이 하지 않았던 방식으로 육체를 소비 일변도의 프로젝트로 만들고 있다."

물론 한 세기 전에도 젊은 여성들은 자의식이 있었고, 항상 사회의 기준에 의해 판단을 받았다. 하지만 이때의 기준은 그녀들의 육체적 아름다움이라기보다는 행동이었다. 여자들에게 있어 육체의 아름다움이라는 지상명령은 최소한 19세기까지는 도덕적 품성에 대한 평가보다 아래에 위치하고 있었다.

많은 부모들이 머리 모양이나 드레스, 허리 사이즈 같은 것들에 대한 딸들의 과도한 관심을 억누르려 했다. 부모뿐 아니라 사회 역시 아름다움보다는 품성을 더욱 중요하게 여겼다. 그리고 품성은 극도로 개인주의적인 육체 프로젝트 따위에 대한 관심이 아니라 자기 조절과 타인에 대한 봉사, 그리고 신에 대한 믿음을 바탕으로 길러진다고 여겨졌다.

그런데 내가 딸들의 머리 모양이나 가슴 사이즈가 아닌 그들의 품성에 대해 염려했을 때, 아이들은 낄낄대며 웃었다. 21세기의 중학교 현실에 대해 엄마가 얼마나 어처구니없이 깜깜하냐는 뜻이었다.

육체 프로젝트의 요구사항은 시간이 지날수록 늘어갈 뿐만 아니라, 그 기준 역시 계속 변하고 있다. 오늘날 아름다운 것은 내가 젊던 시절에는 아름답지 않았다. 오늘날 중학교 소녀들은 눈썹을 가느다란 아치 모양으로 만들기 위해 털을 뽑는다. 우리 때에는 모두가 브룩 쉴즈처럼 굵은 눈썹을 원했다. 때로는 작은 가슴이 부러움의 대상이었고, 때로는 풍만한 가슴이 그러기도 했다. 크고 무거운 엉덩이와 다리가 표준이었던 때도 있었고, 가는 다리와 좁은 엉덩이가 그럴 때도 있었다.

나는 1902년에 나온 내넷 매그루더 프랫(Nannette Magruder Pratt)의 《아름다운 육체 : 약에 의존하지 않는 건강과 미에 대한 상식적 개념》이라는 책을 한 권 가지고 있다. 이 책은 더 튼튼하고 살찌는(!) 방법과 정기적인 장(腸) 운동에 대한 조언 등을 담고 있다. 조언의 대부분은 옷 입는 방식을 바꾸라는 설교에 집중된다. '옷을 꼭 졸라매면 모든 중요한 장기에 매우 끔찍한 결과를 유발한다.'고 프랫은 경고한다.

책에는 몇 장의 여자 사진들도 실려 있는데, 코르셋을 벗고 폐를 확장하거나 다리를 튼튼하게 하기 위한 여러 가지 운동을 하는 모습들이다. 30대 나이의 그 여자들은 화장을 하지 않았고 눈썹을 뽑은 흔적도 없다. 그들의 허리는 가늘지만 굴곡진 몸매를 하고 있다. 20세기로 접어드는 시기의 미녀들 사진을 보여주자 십대의 내 딸은 미간을 찌푸렸다.

"너무 못생겼어요! 그리고 뚱뚱해요."

100년 전의 미인이 오늘날 '못생기고 뚱뚱한 여자.'로 취급된다.

나는 역으로 1902년의 기준에서 생각해보았다. 건강하면서도 친절하고 수예에도 능한 여성들이 장려되던 그 시기 사람들의 눈에 조앤 리버스는 흉측한 괴물로 보일 것이다.

스스로를 돕는 산업

육체 프로젝트에 더하여, 그보다 특히 더 미국적인 프로젝트가 또 하나 있다. 바로 '자기 개선' 프로젝트다. 이는 우리의 육체와 정신이 끝없이 바뀔 수 있으며 나아질 수 있다는 신념에 바탕을 두고 있다. 우리가 언제나 우리 자신을 개선시킬 수 있다는 이 뿌리 깊은 생각은 미국인이 된다는 의미의 중심에 자리 잡고 있다.

'열심히 일하면 성공할 수 있다. 노력하라, 노력하라, 그리고 또 노력하라! 우리를 죽이는 것이 아니라면 그것은 우리를 더 강하게 만든다.'

이처럼 일 자체를 위한 일을 사회학자 막스 베버(Max Weber)는 '프로테스탄트 윤리'라고 불렀다. 1905년에 나온 그의 기념비적인 저작 《프로테스탄트 윤리와 자본주의 정신》에서 베버는 미국에서 자본주의가 일어난 것은 미국의 구조 때문이 아니라 '문화' 때문이라고 주장했다.

그에 따르면 자본주의의 필수 요소들은 산업혁명 훨씬 이전부터 자리를 잡고 있었다. 화폐, 교환, 교역로, 기계들은 신세계에서 제조업이 출현하기 몇 세기 이전에 이미 중국과 베니스 등지에도 존재하고 있었다는 것이다. 그런데 이러한 지역들에서 자본주의가 일어나지 않은 이유는 자이트가이스트(zeitgeist), 즉 시대정신이 사람들로 하여금 모든 에너지를 일에 투자하도록, 그리고 다시 모든 이윤을 남김없이 재투자하여 더 많은 이윤을 만들어내도록 조장하지 않았기 때문이라는 것이다.

반면에 미국 땅에서 번성했던 프로테스탄트 교파는 개인의 일생을 산업과 이윤에 바치는 것이 좋을 뿐만 아니라 경건한 일이라고 믿었다. 이러한 정신이 사람들을 열심히 일하도록 만들었다. 시간이 흐르면서 미국인의 노동윤리는 종교적 뿌리를 상실했지만, 좋은 사람이 된다는 것은 재정적으로 성공한 사람이 되는 것이라는 개념은 전혀 사라지지 않았다. 그래서 우리는 자신의 삶과 육체를 '더 낫게 만들기 위해서' 일하고 일하고 또 일한다는 것이다.

그런데 흥미롭게도 미국인의 노동윤리는 스스로를 돕는 자조(自助)적 산업으로 변모해갔다. 돈을 벌기 위해 열심히 일하는 것만이 중요한 게 아니다. 우리 자신을 '더 나은' 사람으로 만들기 위해 열심히 일하는 것도 중요해졌다. 그리하여 자기 개선에 대한 욕구들은 수많은 자조 구루(guru)들에 의해 돈벌이의 기회로 전락했다. 지그문트 프로이트(Sigmund Freud)의 정신분석에서부터 수전 소머즈(Suzanne Somers)의 사이마스터(ThighMaster)*에 이르기까지 말이다. 미키 맥기 (Micki McGee)는 《자조주식회사》에서 이렇게 표현했다.

* 영화배우 수전 소머즈가 광고모델로 나온 운동기구의 이름 - 옮긴이

"자기 창조와 개선이라는 이상(理想)은 무한한 가능성의 개념과

함께 오래전부터 미국 문화 속에 스며들어 왔다."

미용과 다이어트 산업 역시 미국식 자조정신의 일부다. 못생긴 여자도 립스틱만 잘 바르면 훨씬 예쁘게 보일 수 있다. 머리카락이 백발이면 염색을 해서 더 젊게 보일 수 있다. 육체가 완벽하지 않다면 다이어트를 하고 체육관으로 가라. 아니면 성형외과 의사와 상담을 신청하라!

그러나 이는 수술을 받을 가장 가능성이 높은 중년의 백인 여성에 대한 이야기만이 아니다. 우리 모두에 대한 이야기다. 소비자본주의는 우리에게 뭔가를 판다. 그것이 원래의 목적이다. 소비자본주의는 우리에게 더 나은 버전의 우리를 판다.

'정신적인 안정을 얻으려면 요법 치료사에게 돈을 지불하라! 재정적으로 건전해지려면 재정 상담가에게 돈을 지불하라!'

더 아름다워지는 것이 더 나아지는 길이라고 우리들은 생각한다. 점점 더 많은 사람들이 그렇게 생각한다. 예전에 미용은 성인 여성들을 위한 것이었지만, 이제는 소녀들도 이 산업의 중요한 고객이 되었다. 오늘날 미용은 많은 남성들, 특히 전문직의 젊은 남성이라면 반드시 고려해야만 할 필수 요소가 되었다. 《멘스 헬스》 같은 잡지를 보면 바람직한 남자가 되기 위해 얼마나 많은 제품들을 사야 하는지, 얼마나 많은 치장거리에 관심을 가져야 하는지 금방 알 수 있다.

'어떻게 하면 이 똥배를 식스팩으로 바꿀 수 있을까. 어떻게 하면 이 노란 치아를 더 희게 할 수 있을까. 어떻게 하면 이 빈약한 머리숱을 더 풍성하게 보일 수 있을까.'

자본주의 시스템은 항상 이윤을 늘리려 한다. 그리고 미용 자본주의는 항상 새로운 형태의 미용과 제품들로 해결할 수 있는 새로운 문제들을 만들어내야 한다. 미용이 이윤을 창출하기 위해 우리 몸은 바다 건너 미지의 땅처럼 식민지화 되어야 한다. 미용은 쉴 새 없이 새로운 시장들을 창출하고 더 많은 부를 우리에게서 약탈해간다.

페미니스트 이론가 수전 보르도(Susan Bordo)에 따르면, 우리는 마침내 '육체를 개선하고 변형하는 데 한계는 없다.'고 말하는 이데올로기의 지배를 받게 되었다.

"우리는 이제 문화적 플라스틱을 가지고 있다. 우리는 이제 그 플라스틱의 능란한 조각가인 우리 자신을 가지고 있다."

보르도가 말하는 문화적 플라스틱은, 현재 우리가 인류 역사상 전례가 없는 시점에 처해 있음을 의미한다. 우리가 미에 대한 기준을 가지고 있는 것은 이례적인 일이 아니다. 이례적인 것은 우리 스스로가 그 미의 조각가라고 믿고 있다는 점이다. 우리가 우리 자신의 육체적 헌신을 담당하는 '우리 자신의 신'이라고 믿고 있다는 점이다.

우리 육체의 플라스틱 본성에 대한 믿음, 끊임없이 개선하고 형태를 바꿀 수 있는 능력에 대한 믿음은 주로 시각 매체를 통해 전파되고 있다. 이를 통해 우리는 무엇을 아름답다고 여겨야 하는지 배운다. 우리가 무엇을 왜 살 필요가 있는지를 배운다. 달리 말해 성형수술에 대한 욕망은, 소비자본주의와 그것의 쌍둥이인 시각문화가 탄생하면서부터 심어지기 시작했다. 그 쌍둥이가 만들어 낸 것이 플라스틱 이데올로기 콤플렉스다.

오늘날 우리는 어떻게 해서 플라스틱의 필요를 배웠는가?

플라스틱 이데올로기 콤플렉스를 기록하는 나의 방법은 단순하다. 미용수술의 소비자들이 뭐라 말하는지를 듣고 조사하는 작업이 그것이다. 그들이 무엇을 읽고, 보고, 소비했기에 그들에게 미용수술에 대한 욕망이 심어졌을까를 알아보기 위해서 말이다.

다음으로 나는 이러한 자문을 던졌다. 내가 아무런 사전 지식이 없이 이 시대에 갓 들어섰다면, 요컨대 이제 막 '바위 밑에서 기어 나왔'다면, 나는 어떤 육체에 어떤 수술이 필요하다는 것을 과연 알고 있을까? 그게 아니라면, 나는 플라스틱 수술에 대한 욕망을 어떻게 배우게 될까?

플라스틱 이데올로기 콤플렉스는 다양한 형태를 통해 나타난다. 신문, 잡지, 책, 미술, 영화, TV 쇼 등이 대표적이다. 이들 중 일부는 플라스틱에 대한 단순한 선전이다. 또 다른 것들은 플라스틱 미용에 대해 보다 애매한 접근법을 취한다. 모든 메시지들은 계층과 인종, 성별에 의해 복잡해진다. 이러한 각본들은 오직 한 가지에 대해서만은 일치한다. 플라스틱 수술은 미용의 정상적인 한 부분이며 이는 플라스틱 머니를 요구한다는 것이다.

플라스틱 잡지들

여성, 건강, 또는 연예를 다루는 거의 모든 잡지들은 플라스틱 이데올로기의 전파 매체다. 성형수술은 《어스(Us)》나 《피플》 같은 연예잡지들의 정기적 기사인 〈누가 무엇을 했나?〉와 〈부인하는 사람은 누구?〉 등을 통해 소개된다. 플라스틱 이데올로기 콤플렉스는 《내셔널 인콰이어러》 같은 타블로이드 신문들에 실린 〈사상 최악의 성형수술 15〉 따위의 사진들에서도 드러난다. 여성들을 겨냥한 잡지들 가운데 《코스모폴리탄》과 《레이디스 홈 저널》 등 여러 미용 및 패션 잡지들은 보톡스나 지방흡입에 대한 정기적인 기사를 싣는다. 이런 잡지들은 미용수술을 다이어트나 운동과 비슷한 '일상적인' 미용요법으로 묘사하고 있다.

나는 세 가지 잡지, 《오(O)》와 《얼루어(Allure)》와 《뉴 뷰티(New Beauty)》를 골라 자세히 살펴보았다. 각각의 잡지들은 서로 약간씩 다른 독자층과 메시지를 담고 있다. 그러나 세 잡지 모두 공통적으로 전문의학적 개입을 상당히 요구하는 특정한 형태의 미용수술을 광고하고 있었다.

《오》는 오프라 윈프리의 청중들을 위한 라이프스타일 잡지다. 주요 독자들은 여성이고 중년이며 백인이다(아프리카계 미국인 독자가 25%로, 다른 잡지들에 비해 백인 비중이 약간 적기는 하다). 독자의 주 연령은 49.5세다. 이들의 대략 절반은 결혼 생활을 하고 있으며 나머지 대략 절반은 독신 또는 이혼한 상태다. 가계소득은 대략 7만 1,000 달러로 미국 평균을 훨씬 상회한다.

《얼루어》는 플라스틱 문화에서 가장 중요한 위치를 차지하는 잡지다. 이 잡지의 선임 편집자 중 한 명인 조앤 크론에 따르면, 경쟁지들 가운데 유일하게 미용수술 업계를 전담 취재하는 정규직 기자를 두고 있다. 창간 선언문에 따르면 이 잡지는 '미용 전문의 유일한 잡지로서 (…) 객관적으로 미용과 패션을 조사하고 기념하며, 보다 큰 문화적 맥락에서 그림을 그려간다.'《얼루어》는 25세에서 45세의 여성들을 겨냥하고 있다. 주 독자층은 대학 졸업자에 결혼한 사람들로 백인에 중산층이 가장 많다.

《뉴 뷰티》는, 잡지 발행인에 따르면, 미용수술을 받을 수 있는 부유한 여성부터 새로운 모습을 위해서라면 무엇이든 몽땅 내놓을 용의가 있는 비서직에 이르기까지 모든 사람들을 대상으로 한다. 내가 《뉴 뷰티》를 고른 이유는 이것이 '성형'에 특화된 유일한 잡지이기 때문이다. 제목의 '뉴'가 그런 의미다.《뉴 뷰티》는 또한 다른 면들에서도 '뉴'다. 미용수술 전문의들로 구성된 편집진을 운영하고 있으며, 지역판을 발행해 인근 의사들의 연락처 정보를 싣고 있다. 또한 기사 대비 광고 비율이 잡지계에서 가장 높다.

이들 잡지 3종의 발행부수는 모두 합해 수십만 부에 달한다. 세 잡지 모두 어디서나 쉽게 구할 수 있다. 서점은 물론 동네의 식료품점이나 심지어는 인근의 철물점에서도 이 잡지들을 팔고 있다.

《오》는 미용과 건강만을 다루지는 않는다. 생활 기사도 중요하게 다룬다. 인간관계, 돈, 직업, 심지어 정치, 환경, 그리고 빈곤에 대한 기사들도 싣는다. 기사들의 상당량이 본질적으로는 진지함에도 불구하고, 이 잡지는 또한 독자들에게 무엇을 입고 어떤 화장을 해야 하며 어떤 미용수술을 받을지 등을 가르치고 있다. 마치 오프라 자신처럼《오》는 정신적인 면과 물질적인 면이 독특하게 혼합되어 있다. 종교연구가 캐서린 로프턴(Kathryn Lofton)이 지적했듯 '오프라 윈프리에게는 뭔가 종교적인 면이 있다.' 그러한 종교성이《오》잡지에서도 명확히 드러난다. 거기서 '원프리 제국의 모든 상품들은 내면적 각성과, 풍성한 소비주의를 결합한다.'《오》잡지의 그 풍성한 소비주의에는 물론 성형미용도 포함되어 있다.

2004년 3월 창간된《오》는 매호마다 평균 한 건 꼴로 독자의 삶을 개선할 수 있는 미용수술 관련 기사를 다루었다. 예를 들어 2007년 7월호는 〈더 희게! 더 고르게! 더 밝게!〉라는 제목으로 치아 미용에 관한 기사를 실었으며, 2009년 2월호에는 줄기세포를 이용해 가슴을 키우는 방법을 다룬 기사 〈여기는 접고, 저기는 불리고〉를 실었다.

《오》에 실린 광고의 약 10%는 미용과 노화 방지용 제품들이 차지하고 있다. 미백 제품, 안티에이징 스킨 크림, 보톡스와 쥬비덤 등이다. 쥬비덤 광고에는 젊은 백인 여성이 등장하는데, 그녀가 10년 더 나이 들었더라면 팔자주름이 생겼을 부위에다 괄호를 쳐놓았다. 광고 카피는 이랬다.

"괄호 안의 부위는 당신 얼굴에는 없습니다."

더 읽어 내려가면, 쥬비덤을 주사한 피부가 '너무나 매끈하고 자연스러워서 모든 사람들이 볼 것입니다(그러나 아무도 모를 것입니다).'라는 광고가 보인다.

내가 찾아낸 최초의 보톡스 광고는 2004년에 시작된 것인데, 고등학교 졸업 25주년 동창회에 초대받은 한 백인 여성을 그리고 있다. 광고 문구'는 이렇다.

"보톡스 미용에 대해 의사에게 물어볼 적절한 시기를 아직도 기다리시나요?"

그보다 최근의 보톡스 광고는 오프라 제국의 거의 종교적인 자본주의를 펼쳐 보이고 있다. 그 광고는 미소 짓는 젊은 흑인 여성과 함께 이런 문구를 내세웠다.

"이는 오로지 표현의 자유(freedom of expression)······ 보톡스 미용에 대해 의사와 상담하세요."

《오》의 독자들이 '표현의 자유'와 같은 고무적인 개념에 관심이 있다면, 《얼루어》의 독자들은 미용, 패션, 그리고 유명인들에게 더 관심이 많다. 《얼루어》 독자들은 《오》의 정신성을 거부하는 대신 자신들이 늙어 가리라는 지속적인 공황 상태를 받아들인다.

의류, 화장품, 헤어스타일과 패션 등에 관한 거의 모든 기사들은 독자들을 더 젊게 만들어준다며 소개되고 있다. 〈10년을 더 늙게 하는 10가지 미용 실수〉라든가 〈젊은 피부 만들기 : 12가지 피부 노화 방지 기술〉, 또는 〈10년을 젊어 보이게 하는 10가지 헤어스타일〉을 알아두라고 한다. 뿐만 아니라 〈미래의 보톡스 : 다섯 가지 최첨단 요법〉 같은 기사는 미용수술이 아름다움을 가꾸는 데 있어 필수적인 부분이라고 천명한다.

경제 불황이 지속되는 가운데서도 《얼루어》 독자들은 완벽하게 매끈하고 주름 없는 외모를 계속 가꾸어야만 했다. 하지만 완벽한 외모는 '한 귀퉁이를 약간 자르는' 저렴한 방법으로도 얻을 수 있었다. 이마를 가리도록 앞머리를 잘라서 아무도 (주름진) 이마를 볼 수 없게 하는 간단한 방법을 통해서 말이다. 《얼루어》의 어느 기사는 "당신이 파산했다고 해도 당신 얼굴의 보이는 부위에는 '반드시' 보톡스를 계속 맞아야 한다. 대신에 가린 이마는 엉망이 되도록 놔둘 수도 있다. 다른 사람이 아닌 당신만 볼 뿐이니까."라고 말한다.

《얼루어》의 고정 기사인 〈시계 멈추기〉는 여성들에게 기미 자국을 주의하라고 조언한다. 더 젊게 보이도록 화장을 하고, 중년이 되기 전에 일찌감치 미용수술의 개입을 고려하라고 충고한다. 〈시계 멈추기〉의 어느 글에서는 한 미용수술 전문의가 젊은 여성들에게 얼굴 표정을 자제하라고 경고한다. 얼굴에 주름이 생길 수 있다는 것이다.

"20대와 30대 여성들이라 하더라도 얼굴을 자주 찡그리는 사람이라면 그 버릇을 없애야 한다. 보톡스로 얼굴 근육을 일시적으로 마비시키면 찌푸림을 멈추고 근육을 재훈련시킬 수 있다. 표정이 풍부하고 근육이 활발한 젊은 사람들의 경우 보톡스가 과도한 근육 활동을 막아주어 주름을 완화해 준다. 일부 환자들은 이를 통해 근육을 재교육하기도 한다."

《얼루어》 독자들의 세계에 만연한 노화의 공포를 《뉴 뷰티》의 약속이라면 잊을 수 있을지도 모르겠다. '시각적으로 놀라운, 과학적으로 정확한, 윤리적으로 공정한' 매체라는 사명(社命)을 밝힌 《뉴 뷰티》는 성형수술이 아름다운 여성의 삶에 필수적인 부분이라며 독자를 유혹한다. 다는 아니라 하더라도 상당수의 기사들이 성형수술을 다루고 있으며, 미용수술 전문의들의 명단이 책 말미에 늘 실린다.

《뉴 뷰티》 웹사이트를 방문하면, '가상 미용 향상'을 체험하도록 자신의 사진을 올릴 수 있게 되어 있다. 이 도구를 통해 독자는 주름 제거 수술이나 주름 완화 주사제를 맞은 자신이 어떤 모습으로 바뀌게 될지 미리 알아볼 수 있다. 그 결과가 마음에 든다면, 근처에 있는

'미용 전문가'(책의 말미에 실려 있다)를 찾아가면 된다.

《뉴 뷰티》는 우리가 이미 어떤 식으로든 소비하고 있는 일반적인 미용 및 운동 제품들과 미용수술을 동등한 수준에 놓고 있다. 《뉴 뷰티》의 많은 기사들은 일상 품목들과 나란히 미용수술을 다루면서 이를 독자들이 편히 고를 수 있도록 한다. 치약 옆에 치아 미백 제품이 있고, 그 옆에는 미용 치과가 어떻게 독자의 삶을 바꿀 수 있는지에 대해 소개한다. 햇볕으로 인한 피부 손상을 막는 방법으로 자외선 차단제와 보톡스를 소개한다. 가슴을 더 크게 보이도록 하는 방법으로 푸시업 브라와 함께 가슴 임플란트를 소개한다. 멋진 복부를 갖는 방법으로 각종 운동들과 함께 지방흡입을 소개한다.

《뉴 뷰티》의 기사들은, 독자로 하여금 미용시술의 필요성을 느끼도록 유도하지는 않지만, 광고가 플라스틱을 최고의 미용 솔루션이라 소개하며 독자들에게 손짓한다. 광고는 우리에게 페이스 크림이 필요하다고 설명한다. 그것도 아주 많이. '세럼'이니 '포뮬러'니 하는 심각한 이름을 달고서 말이다. 뿐만 아니다. 안면 제모(약품 또는 레이저), 셀룰라이트 치료(크림 또는 레이저), 치아 미백, 스프레이 태닝, 보톡스, 쥬비덤, 그리고 소위 이쁜이 수술이라는 질 회춘 수술(이걸 하면 우리가 '다시 여자임을 느낀다.'고 한다) 등등이 광고로 등장한다. 거대한 미용 산업의 일부가 아닌 상품은 거의 찾아보기 힘들다. 내가 조사한 200건의 광고들 가운데 겨우 2건만이 미용과 다소 거리가 있는 것이었는데 이 가운데 하나는 고가의 시계, 나머지 하나는 디자이너 패션의 세일을 알리는 광고였다.

《오》는 권력의 수사법으로 기사를 풀어나간다.《얼루어》는 독자들의 공황 상태를 유도한다. 그리고《뉴 뷰티》는 미용이 인생의 가장 중요한 목표이며 우리 모두는 영원히 아름다울 수 있다고 독자들에게 훈계한다.

안정은 아름다운 사람에게만 찾아온다. 따라서 여타 여성지들과 달리 이들 잡지들은 금융 투자나 직업, 심지어 가족을 주제로 한 '싸구려' 기사들 따위는 싣지 않는다.《뉴 뷰티》에 정기적으로 실리는 한 기사는 '미용은 당신에게 필요한 모든 것'이라는 철학을 명백히 드러내고 있다. 미용수술 전문의의 아내들을 취재해서 그들의 '미용 비법들'을 소개하는 기사다. 거기서 주름 제거, 필러, 미용 치과 등은 건강한 음식을 먹고 물을 많이 마시며 자외선 차단제를 바르는 일들과 함께 거론되고 있다. 이를 통해 성형이야말로 미용에 '정통한' 여자들의 중요한 기술 가운데 하나라고 주장한다. 플라스틱 미용은 결국 성형외과 의사인 남편을 안정시켜주는 결과로 끝난다. 아름다운 공주를 위한 동화 같은 결말이다.

문화적 각본으로서 모든 잡지들이 전하는 메시지의 특성은 분명하다. 한마디로 미용시술은 불가피하다는 것이다.《얼루어》의 편집자 조앤 크론은 내게 장담하기를 나 역시 수년 내에 주름 제거 수술을 받게 될 것이라고 했다. 그녀는 완벽하게 매니큐어를 바른 손을 허공에 흔들며, 마치 죽음이나 세금에 대해 말하듯, 내게는 달리 어떤 선택도 없다고 단언했다.

"당신은 야심이 많아서 그걸 하지 않을 수 없어요. 글 쓰는 일은 젊은 사람들의 게임이지요. 당신도 알 거예요. 당신은 성공에 필요한 일을 하게 될 겁니다."

크론은 자기 역시 64세가 되기 전까지는 주름 제거를 전혀 생각해보지 않았다고 한다. 그녀는《월스트리트 저널》에서 일하다가《얼루어》로 옮겼는데, 오자마자 잡지사는 그녀에게 미용수술 체험기를 써오도록 지시했다. 처음에는 거부했지만 직장의 명령을 계속 거부할 수 없었다. 6개월이 지나 그녀는 맨해튼의 유명한 성형외과 의사와 예약을 잡았고, 안면 주름 제거 수술을 받았다. 그리고 그 체험기를《얼루어》에 게재했다. 나중에 두 번의 주름 제거 수술을 더 받고 나서 크론은《주름 제거 : 바람, 두려움, 그리고 안면 주름 제거》라는 책까지 펴냈다.

현재 82세인 그녀는 세 차례의 주름 제거 수술과 여러 번의 비외과적 시술들을 받았다. 크론에게 주름 제거 수술은 분명히 세상에서 성공할 기회를 높이는 한 가지 방법이었다.

"지식을 높이고 싶지 않으니까 대학에 갈 필요가 없다고 말하는 사람은 없어요. 그렇다면 주름 제거와 대학 사이에 무슨 차이가 있죠? 사람들은 외모를 더 낫게 만들면 자신의 사회생활에 플러스가 되리라는 걸 알아요. 내가 원하는 것도 거기까지예요. 영화배우처럼 되려는 게 아니에요. 그러나 성형수술은 노화의 상흔을 어느 정도 지워주었죠."

크론이 옳다. 노화는 우리에게 저주의 상흔을 남긴다. 우리의 문화는 너무도 철저히 젊음을 숭배하기에, 주름살의 숙명 아래 시들어가는 우리를 가만히 내버려두지 않는다.

미용시술들은 우리로 하여금 노화의 저주에서 벗어날 수 있도록 도와준다. 크론의 나이가 80대임을 그녀의 고용주가 모른다는 사실은 중요치 않다. 크론의 얼굴에 노화에 맞서는 적절한 저항이 나타나고 있다는 것이 중요하다. 그러나 달리 어떤 선택도 없다는 그녀의 주장이나, 그와 비슷하게 '우리에게는 선택의 여지가 없다.'는 그녀 잡지의 주장은 나에게는 그저 선전으로 느껴진다. 플라스틱 이데올로기 콤플렉스의 일부로서의 선전 말이다.

내가 마침내 무릎을 꿇고 수술을 받으러 가리라는 그녀의 말이 맞을 수도 있고 맞지 않을 수도 있다. 하지만 죽음과 세금을 제외하고는 진정으로 불가피한 일이란 있을 수 없다.

성공에는 물론 수많은 어려움들이 따른다. 그것들은 나를 늙고 지치게 한다. 나 혼자만 그런 게 아니다. 방대한 연구결과들이 보여주고 있는 것처럼 '아름다움'에 노출되고 나면, 즉 여성지들이 보여주는 이상적인 형상들을 접하고 나면, 자신이 무가치하며 자신의 동료들 역시 무가치하다는 생각이 자꾸 들게 된다. 멋진 여성이 등장하는 립스틱 광고나 보톡스 기사를 보고 나면, 당장 립스틱이나 보톡스를 사러 가지는 않더라도, 스스로가 더 추하게 느껴지고 다른 사람들도 더 추하게 여겨진다는 말이다. 달리 할 수 있는 일이 없다. 그저 소파에 주저 앉아, TV나 보면서 시간을 보낼밖에.

그러나 슬프게도 TV는 더 이상 우리로 하여금 여성지의 플라스틱 선전으로부터 한숨 돌릴 기회를 주지 않는다. 방송과 플라스틱 미용은 서로 결합하여 새로운 형태들을 만들어냈다. 성형수술 텔레비전 쇼가 그것이다.

지난 10년 동안 할리우드는 여성의 육체에서 발생하는 일상의 병리적 증상들을 다룬 수많은 쇼들을 생산해왔다. 성형수술의 영웅적인 개입을 통해서만 고칠 수 있는 병리적 증상들을 다룬 쇼들이 그것이다. 잡지나 마찬가지로 이러한 쇼들은 문화전파의 경로들이며, 우리로 하여금 성형수술을 욕망하도록 가르치는 실질적인 메커니즘이다. 이러한 쇼들은 주로 여성들, 특히 나이 든 백인 여성들의 성형수술 욕구를 부추긴다.

플라스틱 TV의 플라스틱 쇼

ABC 텔레비전에서 2002년부터 2007년까지 방송된 〈익스트림 메이크오버〉는 최초의 성형수술 TV 쇼 가운데 하나였다. 쇼는 스스로를 '실생활 속의 동화'라고 표현했다. 매회 에피소드는 우선 노동자계층 출신의 망가진(엉망인 치아 관리, 흉측한 제왕절개 자국, 비만 등) 사람들을 등장시켰다. 그리고는 이들이 다양한 미용시술과 다이어트, 운동, 옷, 머리 손질 등을 통해 어떻게 변모하는지를 보여준다. 쇼는 또한 그런 사람들이 속한 사회로부터 신데렐라를 데리고 나오는 드라마를 연출하기도 했다. 그리고는 그 새로워진 개인이 친구들과 가족들로부터 박수와 눈물과 환호를 받도록 하는 광경을 연출하면서 이야기를 맺는다.

쇼는 또 참가자의 친구와 가족들의 인터뷰도 삽입했는데, 그들은 참가자의 외모가 어떤 면에서 추한지 하나 하나 지적하기도 했다. 한 번은 어느 참가자의 여동생이 카메라에다 대고 언니의 '추함'을 폭로했던 자신의 행동에 미칠 듯 후회하고 괴로워하다가 자살하고 만 일도 있었다. 그에 이어진 소송과 방송 취소 사태는 놀라운 일이 아니었다.

2007년 〈익스트림 메이크오버〉가 끝나고 나자 수많은 다른 성형수술 TV 쇼들이 잇달아 튀어나왔고, 우리가 추하며 전문가의 도움이 필요하다는 사실을 다시 가르치기 시작했다.

2004년 폭스(Fox)에서 첫 방송된 〈더 스완(The Swan)〉은 〈익스트림 메이크오버〉가 했던 변신의 약속과 미인대회를 용케도 하나로 결합해냈다. 모든 참가자들이 '미운 오리새끼'에서 미의 여왕으로 바뀌었을 뿐만 아니라, 그들 가운데서 가장 아름다운 사람이라는 칭호를 얻기 위해 서로 경쟁을 벌이게 되었다. 변신과 경연의 결합이라는 무척이나 기발한 전제에도 불구하고 〈더 스완〉은 두 시즌 만에 막을 내리고 말았다.

단명으로 끝난 또 다른 성형수술 TV 쇼로는 MTV의 〈유명한 얼굴이 되고 싶어〉도 있다. 이 쇼는 젊은이들이 자신이 좋아하는 유명인처럼 보이기 위해 미용수술을 받는 이야기를 12편 방송했다. MTV가 수술비용까지 대지는 않았지만, 그들은 수술과 고통스러운 회복 과정의 꽤나 세세한 부분까지를 필름에 담았다. 환자가 신음하거나 피를 흘리고, 수술을 받고 나서 욕설을 내뱉는 장면도 그대로 보여주었다. 동화 같은 엔딩이 결여된 점이 어쩌면 이 쇼를 빠른 종영으로 이끌었는지도 모른다.

시청자들은 지금도 MTV의 웹사이트를 통해 이 쇼의 참가자들이 현재 어디에 살고 있으며 자신들의 아이돌인 유명인처럼 보이게 됨으로써 실제로 얼마나 행복해졌는지 알아볼 수 있다. 웹사이트에는 〈유명한 얼굴이 되고 싶어〉의 참가자 일곱 명의 이야기가 실려 있는데, 그들 모두는 '수술을 비롯한 여타 시술들이 비록 고통스럽기는 했지만 할 만한 가치가 있었다.'고 말한다.

성형수술 TV 쇼 중에서 가장 인기를 끌었던 것은 〈닥터 90210〉과 〈닙턱〉이다. 둘 가운데 하나는 '리얼'이고 또 하나는 '픽션'인데, 이 프로그램들은 리얼리티 TV와 허구적 드라마 사이의 경계가 상당히 희미하다는 점을 또한 일깨워주기도 했다.

현실을 바탕으로 한 대다수의 성형수술 쇼들은 일관적인 서술을 만들어내기 위해 편집과 프로덕션 기술(음악, 조명, 카메라 앵글)을 사용한다. 그래서 항상 의사들은 선하고 심지어 영웅적이며, 환자들은 수술 결과에 만족하는 것으로 그려진다.

드라마 〈닙턱〉의 제작자이자 담당 프로듀서였던 라이언 머피는 드라마에 나오는 수술 이야기들이 모두 '신문 기사들'에서 얻어낸 것이라고 주장했다. 이러고 보면 어떤 쇼가 리얼이고 어떤 쇼가 픽션인지 구별한다는 게 사실상 무의미하다. 실은 둘 다 우리로 하여금 성형수술에 대한 욕망을 배우도록 하는 메커니즘이라고 해야 옳을 것이다. 이러한 쇼들은 시청자들에게 백인 여성의 육체는 근본적으로 완벽하지 못하며, 따라서 항상 외부의 어떤 도움을 필요로 한다고 가르친다.

2004년 E! 텔레비전에서 처음 방송된 리얼리티 쇼 〈닥터 90210〉은 비벌리힐스의 몇몇 성형외과 의사들과 환자들의 삶을 추적한다. 의사들은 말 그대로 '그림처럼 완벽'하다. 그들의 이력서도 '완벽'하다. 그들은 하버드와 마운트 사이나이(Mount Sinai) 의과대학에 다녔다. 그들에게는 아름다운 배우자와 자식들과 가정이 있다. 미소도 완벽하고 코도 완벽하다. 남자 의사들은 몸짱이다. 촬영을 위해 운동으로 더 다듬었겠지만, 민소매 수술복 옆으로 드러난 그들의 이두박근은 지방흡입이라는 고된 노동을 하느라 울룩불룩 솟아 있다.

환자가 아닌 여자들도 몇 명 나오는데, 그들도 성형외과 의사거나 아니면 의사의 아내들이다. 여자들 모두가 패션모델을 해도 좋을 만큼 날씬하다. 이러한 원칙에 유일한 예외가 아프리카계 미국인 미용 치과의사다. 하지만 이 쇼가 가르치려고 하는 바는 백인 여성들이 자신의 육체를 경멸하도록 하는 것이기 때문에, 이 흑인 여성의 평균적인 몸매는 스토리 진행에 아무런 장애가 되지 않는다.

〈닥터 90210〉에 나오는 환자들은 거의 대부분 백인 여성이다(첫 번째 시즌에서 열여섯 명의 환자들 중 열다섯이 여성이며 모두 백인). 환자들은 극히 평범하게 보이는 이들인데 실제로 미국 여성은 평균 164.6cm에 72.1kg, 그리고 가슴은 36C 사이즈의 체형을 갖고 있다. 〈닥터 90210〉에 나오는 환자들은 대개 이 평균적인 미국인과 비슷하다. 그들 중에 눈에 띌 정도로 '잘못된' 사람은 없다. 남자 환자는 교통사고를 당해 재건수술을 받으러 오는 반면에 여자들은 대체로 작은 가슴이나 아이를 낳고 나서 늘어진 뱃살, 또는 셀룰라이트 같은 문제들을 가지고 있다.

그러면 우리는 왜 우리와 비슷한 사람들이 '고쳐지는' 것을 보려고 기어이 채널을 돌리는 것일까? 〈닥터 90210〉은 쇼가 '여성들을 위한' 것이며 '교육적인' 내용이라고 포장함으로써 시청자(물론 주로 여성)들을 끌어들인다.

환자들이나 가족들, 그리고 의사들은 모두 다 성형수술이 페미니즘과 마찬가지로 여성들의 권리를 강화하는 것이라고 말한다. 쇼에 등장하는 의사 중 한 명인 로버트 레이 박사의 웹사이트에 따르면, 그 쇼가 '(환자들의) 외모 향상과 자존감 고양을 추구'한다고 한다. 레이 박사는 또 자신을 '칼을 든 정신과 의사'라고 표현한다.

환자와 그들의 가족은 의사들의 이 원초적 페미니즘을 흉내 내고 있다. 한 에피소드에서는 미의 여왕으로 뽑혔던 딸의 어머니가 나와서 딸에게 유방 임플란트가 필요하다며 이렇게 말한다.

"그게 필요해요. 딸이 좀 더 자신감을 갖는데, 인생에서 원하는 것을 추구할 능력을 좀 더 갖추는데, 그게 도움이 될 것 같아요."

또 다른 환자인 중년의 한 엄마는 (세 번의 출산으로) 늘어진 배와 가슴으로는 살아갈 수가 없어 나왔다면서, 수술이 자신의 자존감을 높여줄 뿐만 아니라 딸들의 자존감 역시 높여준다고 강조한다. 몸매에 만족하는 엄마가 있는 것이 딸들에게도 좋다는 말이다. 이들의 복부 지방 제거, 유방 확대, 보톡스, 그리고 레이저 박피술은 가족 내에서 여성들의 권리를 강화할 뿐 아니라 결혼 생활도 다시 사랑의 마법에 빠질 수 있도록 바꿔주는 것으로 그려진다. 에피소드는 그녀의 결혼 17주년을 기념해 온 가족이 나파 밸리로 여행을 떠나는 것으로 끝맺는다. 아내의 새로운 몸에 성적으로 흥분한 남편은 시청자들에게 이런 말을 남긴다.

"수술 덕분에 아내의 몸을 탐색하는 게 즐거움이 되었어요."

이러한 이야기들은 더 젊게, 더 날씬하게, 더 예쁘게 보이면 스스로의 권리가 강화된다는 약속으로 여성 시청자들을 유혹한다. 레이 박사가 말했듯 "아름다움에는 막강한 힘이 있으며, 더 아름다워짐으로써 그 힘을 더욱 더 강하게 할 수 있다." 레이 박사가 약속한 힘은 "여성의 육체를 문화적 기준에 맞춰 더 세밀하게 다듬을 때 나온다."

새러 배닛-와이저(Sarah Banet-Weiser)와 로라 포트우드-스테이서(Laura Portwood-Stacer)가 어느 연구에서 지적했듯 〈닥터 90210〉 같은 쇼들은 '선택'이나 '해방'이라는 용어들을 자주 사용한다. 여성들이 육체를 지배적 규범에 보다 가깝게 만듦으로써 스스로를 '해방'하도록 '선택'한다는 식이다.

이 쇼는 미용수술의 소비를 통한 권리 강화의 약속뿐 아니라, 어떤 수술을 받아야 할지 교육시켜주겠다는 약속까지 하고 있다. 〈닥터 90210〉의 이러한 사이비교육 형식은 '교육적 내용'임을 가장한 연예 프로그램을 오랫동안 소비해온 중산층의 백인 여성들에게 매우 잘 먹혀들고 있다.

아무튼, 중산층 백인 여성들은 〈닥터 90210〉을 시청하면서 수술에 대해 '배울 수' 있게 되었다. 수술들은 시청자들이 의사의 관점에서 육체를 볼 수 있도록 묘사된다. 마치 이런 말이 들리는 듯하다.

"유방 임플란트를 하려면 여기다 표시를 해야 돼. 우리가 근육 아래에 임플란트를 심는 이유가 이거지. 식염수 임플란트와 실리콘 간의 차이가 바로 이거야."

"보톡스 주사는 반드시 여기, 여기, 그리고 여기에 놓아야 돼. 반드시 점과 선으로 위치를 표시해두고 나서 말이야."

수수께끼의 모스 부호가 마법처럼 시간을 멈춰놓는다. 우리는 쇼에서 보는 의사와 그들의 배우자들만큼 아름다워지기 위해 우리 몸에 무엇을 해야 하는지 교육을 받아간다.

〈닥터 90210〉이 '교육적' 내용으로 시청자들에게 어필한다면, 〈닙턱〉은 '단순한 흥미'로 우리에게 접근한다. 〈닙턱〉은 2002년 첫 방송을 타자마자 《TV 가이드》에 의해 '가장 멋진 TV 쇼'로 선정되었다. 미국에서만 매주 400만 명의 시청자가 이 프로를 보려고 채널을 맞춘다. 이 쇼가 방영되는 나라가 50개 국이 넘는다. 시즌4까지 진행될 동안 〈닙턱〉은 18세에서 49세 사이 시청자들에게 최고 시청률을 올린 케이블 시리즈였다.

2011년 방송된 마지막 에피소드로 〈닙턱〉은 총 100편의 에피소드를 채웠는데, 단일 케이블 시리즈로는 신기록이다. 이 기록에 가장 근접한 다른 쇼는 〈섹스 앤 더 시티〉로, 총 94회의 에피소드로 끝났다.

〈닙턱〉의 제작자인 라이언 머피는 성형수술에 대해 공개적으로 비판한다.

"나는 정말이지 육감적인 쇼를 만들고 싶었습니다. 그리고 그 이면에서 썩어빠진 모든 것을 보여주려 했어요. 그 세계가 얼마나 어둡고 악랄하고 우울한지를……. 거기엔 어둠이 있습니다. 어떤 방에 들어가서 '내 얼굴을 고치고 싶어요.'라고 말하는 것은 대단한 자기혐오입니다."

이 쇼는 성형수술에 대해서만 비판적인 것이 아니다. 에피소드들을 통해 모든 통상적인 권력의 근원들(부, 남성, 백인, 이성애, 가정)이 가식으로서 폭로된다. 쇼를 이루는 축은 〈닙턱〉의 두 주인공 크리스천 트로이(줄리언 맥마흔 분)와 션 맥나마라(딜런 월시 분) 간의 관계다. 두 사람은 의과대학을 졸업한 뒤 공동으로 성형외과를 개업한다. 션을 보수적이고 가정적인 남자, 크리스천을 섹스와 돈에 집착하는 남자로 대비시키지만, 사실상 둘은 남성성의 발휘에 항상 실패한다는 점에서 상당히 유사하다.

예를 들어 션은 좋은 남편, 아버지, 그리고 의사가 되려고 언제나 애를 쓴다. 하지만 불행히도 그는 아내에게 성적으로 매력적인 남자, 아들에게 우러러볼 아버지가 되는 데 실패한다. 그의 환자이자 암으로 죽어가는 다른 여자와 사랑에 빠졌을 때도 결국 그녀를 죽음으로부터 구해주지 못한다. 그의 실패는 일에서도 나타난다. 정서적 스트레스가 불러온 수전증 때문에 수술을 못하게 되기도 하는 것이다.

그의 파트너인 크리스천은 겉으로 보기에는 성공적이다. 그리고 극히 남성적이다. 20편까지 진행되는 동안 크리스천은 션의 장모, 션의 아내, 어떤 어머니와 딸, 두 자매, 그의 사무실에 근무하는 심리학자, 기자, 모델, 태어나지도 않은 그의 아들을 돌보고 싶어 하는 여러 여자들, 섹스중독자 모임에서 만난 태어나지 않은 그의 아들의 어머니, 또 다른 모델, 조경사, 그리고 포르노 배우 등과 섹스를 갖는다. 그는 침대에서 성공적일 뿐만 아니라, '보톡스(Boatox)'라고 이름 붙인 고속 모터보트와 연노랑색의 페라리 승용차까지 남근을 상징하는 여러 기계들도 소유하고 있다.

그렇지만 크리스천 역시 실패하고 있다. 그의 아들은 친자식이 아니고, 여자친구와 안정적인 관계를 유지하려고 애쓰지만 결국 싫증을 내고 만다. 그리고 페라리를 받는 대신 그녀에게 또 한 번의 성형수술을 해준다. 그는 선의 평범한 삶을 부러워하여 파트너의 아내와 가족을 탐한다.

성형외과 의사 로버트 레이 박사는 〈닙턱〉이 그리고 있는 미용수술 전문의의 이런 부정적인 이미지가 너무 마음에 들지 않아서 자신이 직접 다른 쇼를 만들지 않을 수 없었다. 레이 박사는 〈닥터 90210〉으로 〈닙턱〉에 나오는 성형외과 의사의 이미지에 대항하려고 했다. 그는 '계집질을 일삼으며 사생아나 낳는 약물 중독자 같은 비열한 인간들'을 '가족과 자식을 거느린 평범한 사람으로서 직업적인 스트레스를 많이 받는 성형외과 의사'의 이미지로 바꾸고 싶었다.

〈닙턱〉의 의사들이 그다지 좋지 못한 남자들이라는 점에서는 레이 박사가 옳았다. 그러나 그는 〈닙턱〉이 일깨워주는 교훈이 자신의 보다 '현실적인' 쇼인 〈닥터 90210〉에 얼마나 똑같이 나오는지는 미처 생각 못하고 있다. 〈닙턱〉에서 보인 성형수술의 어두운 면에도 불구하고, 그것은 여전히 백인 여성들에게 당신들의 육체가 평범한 추함에 빠져 있으니 더 예쁘게 만들어주기를 기다리라는 가르침을 남겨주었다.

〈닙턱〉의 처음 두 시즌 총 20편 가운데 16편의 에피소드들은 여성 환자를 다루고 있다. 그 가운데 12편이 평범한 추함을 고쳐달라고 하는 내용이다. 이 여성들은 가슴이 작다거나, 10점 만점에 10점이 아니라거나, 열네 살처럼 보일 수 있게 지방흡입을 해달라는 열일곱 살짜리거나, 전신 성형을 원한다거나, 더 젊은 여자들과 직업

시장에서 경쟁할 수 있게 복부 지방을 흡입해달라거나, 나이를 더 먹는다고 인생이 나아진 사람은 아무도 없다(넬슨 만델라를 제외하고)며 서른 살 나이에 자살을 꾀하기도 한다.

〈닙턱〉은 백인 이성애자 여성들의 '평범한 추함'을 보여주는 쇼다. 거기서 남성과 유색인종, 그리고 성적 소수자들은 아름다워질 필요가 없는 사람들이다. 히스패닉계에 레즈비언인 수술 간호사 리즈가 미용수술의 필요성을 전혀 언급하지 않는 것도 이 때문이다. 또한 수술을 받으러 오는 남성들은 몸에 뭔가 비정상적인 문제들, 말하자면 젖꼭지가 세 개라든가 온몸에 털이 하나도 없다든가 아니면 동상에 걸렸다거나 하는 사람들뿐이다.

이런 쇼들을 통해 평범한 육체의 평범한 쇠퇴에 대한 위안을 얻지 못한 백인 여성들은 미용에 대한 욕구를 쌓게 되었다. 성형만이 이 어둡고 추한 세계에서 벗어나게 해줄 한 줄기 빛이 된 것이다. 쇼의 사례들을 보자. 리즈는 다운증후군인 아기를 낙태하려고 한다. 아기 아버지 크리스천은 '자기처럼 아름답지 않은 아이'를 키우도록 해주지 않을 것이기 때문이다. 크리스천은 완벽해질 가능성이 보인다는 이유로 한 여자를 쫓아다닌다. 그러고는 여자를 그보다 더 아름다운 대상인 차 한 대와 바꾼다. 션은 사람들이 자신들의 육체에서 싫어하는 부분을 고쳐줌으로써 세상을 더 아름다운 곳으로 만들 수 있다고 믿는다. 바네사 레드그레이브가 연기한 에리카는 매우 성공한 작가이자 심리학자지만 안면 주름 제거 수술을 받는다. 자신의 나이든 육체에서 더 이상 힘찬 느낌을 받을 수 없기 때문이었다.

〈닙턱〉은 멜로드라마 같은 구도를 보여주고 있지만, 수술 장면은 평범한 육체를 잘라내고 싶다는 욕구를 심어주기에 충분하다. 세트의 배경은 밝고 트렌디한 컬러에 멋진 디자인의 가구들로 아름답게 꾸며진 반면 수술 장면은 특수효과의 시각적 향연을 보여준다. 육체는 핏빛 찰흙 덩어리며 의사는 그것을 주물러 작품을 빚어낸다. 얼굴, 가슴, 배, 그리고 목을 잘라서 열고, 뜯어고친 다음, 다시 꿰매 붙인다. 시선을 사로잡는 그 장면들은 가히 외과 포르노라고 부를 만하다. 연구조교에게 이 쇼의 몇몇 에피소드들의 목록을 작성해달라고 부탁하자 그녀는 이 장면들을 빨리 감기로 돌리고 있었다. 눈 뜨고 보기에는 너무하다는 것이었다. 그러나 바로 그 '너무함'(너무 많은 살, 너무 많은 피, 너무 많은 몸)이야말로 그것을 포르노그래피로 만드는 요소다.

수술 장면의 묘사에 우리가 '빠져들도록', 그 장면 내내 단 한 마디의 대사도 나오지 않는다. 대신 로큰롤이나 경음악, 오페라 등 한 줄기 배경 음악만이 흐르고 있다. 그 음악이 분위기를 조성한다. 그러한 살들, 평범한 인간의 육체에 대한 견디기 힘든 혐오, 살 속을 파고들어 그것을 더 낫게 만들어내는 인간의 능력이 한데 어우러져 만들어지는 분위기란 과연 어떻겠는가?

〈닙턱〉에서 시청자들의 마음을 가장 크게 흔드는 것은 무엇보다 이 수술 장면들이다. 〈닙턱〉의 매 에피소드는 '나를 아름답게 만들어주세요!'라는 말로 시작한다. 그리고 매 상담은 '스스로 어디가 마음에 들지 않는지 말씀해보시겠어요?'라는 질문으로 이어진다. 이 질문은 수술을 받으러 온 배역을 향한 것만이 아니다. 시청자인 우리 모두를 향한, 평범한 추함에 죄책감을 느끼고 있는 시청자를 향한 질문이다.

플라스틱 공화국의 문화경제

플라스틱 이데올로기 콤플렉스의 효과 덕분에 성형수술은 아메리칸 드림(경제적으로 그리고 정서적으로 안정된 미래)이라는 동화를 완성하기 위해 '꼭 필요한' 과정이 되었다. 미국미용성형외과협회(ASAPS)는 미국에서 미용수술에 대한 긍정적인 이미지가 역대 최고조에 이르렀다고 말한다. 18세 이상의 미국인 1,000명을 대상으로 한 2007년 2월의 조사에 따르면 응답자의 62%가 미용수술에 호의적이었다. 2006년보다 8% 높아진 수치다. 여성들이 남성들보다 미용수술을 고려할 가능성이 16% 더 높았다. 18세에서 24세 사이의 젊은 미국인들의 미용수술에 대한 긍정적 이미지가 가장 높았으며, 나이 든 사람들의 경우도 2006년보다 11% 이상 높아졌다.

우리의 일상이 미인과 상류층의 2차원적인 이미지들로 점점 더 채워지며, 우리 모두는 3차원 속 우리 육체를 사진들(모방의 모방들)에 더 가깝도록 만들기 위해 애를 쓰게 되었다. 그렇게 우리는 고유성이 없는 복제품들이 되어 가고 있다. 우리는 플라스틱에 동참하기를 거부할 수 있지만, 여전히 그 속에 갇혀 있다.

문화적 각본들은 우리의 육체가 추하며, 그 추함을 고칠 수 있는 유일한 방법은 소비라고 가르친다. 적합한 립스틱을, 적합한 헤어컬러를, 적합한 유방 수술을 소비하라고.

이상적인 인간의 모습을 그리고 있는 광고는, 사람의 이미지를 사용하지 않는 광고보다 사람들로 하여금 자신에 대해 더 '나쁘게' 느끼도록 한다. 여러 학자들이 수 차례 언급해온 내용이다.

포스트모더니즘과 페미니즘으로 훈련받은 한 사람의 학자로서, 나는 우리가 욕구하는 것과 우리를 둘러싼 문화 사이에 직접적인 관계가 있다고는 믿지 않는다. 《오》잡지나 〈닥터 90210〉과 같은 문화적 각본은 우리가 읽는 것인데, 그 읽음의 과정에서 힘이 잘못 해석될 뿐이다. 그러한 의미에서 우리의 육체는 하나의 전쟁터. 우리 소비자들은 플라스틱 미용에 사기 당한 단순한 피해자들이 아니다. 우리 육체의 의미를 둘러싼 전쟁터의 전사들인 것이다. 미용수술을 받기로 '선택'을 내리는 이유는, 우리가 불길한 징조를 읽었기 때문이다.

'미용수술을 받아라, 아니면 바위 밑으로 기어들어가라!'

우리가 다시 쟁취하기 위해 싸워야 할 대상은 육체뿐만이 아니다. 우리의 지갑도 싸움의 대상이다. TV 쇼, 잡지, 서적 등 플라스틱을 밀어붙이고 있는 문화적 각본들은 우리더러 신용카드가 아니라 유방이나 먼저 걱정하라고 말한다. 조앤 리버스는 이렇게 묻는다.

"낡은 차에서 새 얼굴로 내리는 것이 낫겠어요, 아니면 새 차에서 낡은 얼굴로 내리는 것이 낫겠어요?"

그 대답은 물론 '똥차를 한 대 빌려 타고' 새 얼굴을 갖는 쪽이다. 조안이 원하는 정답을 우리는 어떻게 알 수 있을까? 문화적 각본들을 그간 너무도 충분히 소비한 때문이다.

우리가 이러한 각본들을 왜곡된 방식으로 해석하고 있을지도 모른다는 포스트모더니스트와 페미니스트의 의견에 나는 동의한다. 우리는 오로지 우리 자신만의 쾌락을 위해 그 각본들을 이용하고 있는지 모른다.

　물론 그렇다고, 거기에 어떠한 자본의 음모가 존재하지 않는다는 뜻은 아니다. 내가 말하는 자본의 음모란 무엇인가. 우리 육체의 평범한 추함(모든 육체들이 언젠가는 가지게 될 그 추함)을 그토록 싫어하도록 만들어서 우리로 하여금 플라스틱 미용을 구매하지 않을 수 없게 만드는 음모다. 그 음모는 무수히 많은 문화적 형상들을 띤 채 우리 주변에 도사리고 있다.

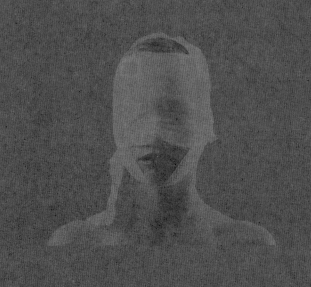

제6장

경제 위기와 플라스틱 공화국

플라스틱의 중요한 속성 가운데 하나는 그것이 무한히 변형될 수 있다는 점이다. 그것은 끝도 없이 늘어나며 결코 끊어지지 않는다. 그러나 모든 물질에는 파괴점이 있다. 플라스틱 역시 마찬가지다.

파괴점에 다다르면 붉은 색으로 변하는 플라스틱을 최근 들어 과학자들이 발견했다. 그런 신소재는 쓰임새가 제법 많을 것이다. 다리가 무너지기 직전이라든가 비행기를 수리해야 할 때가 되면 우리에게 경보를 줄 수 있기 때문이다.

그러나 슬프게도, 미국의 플라스틱 경제에 대한 경보 시스템은 아직 개발되지 않았다. 2007년 어느 시점에 이미 파괴점을 맞았건만 말이다. 플라스틱에 드러나기 시작한 균열의 징조에 주의를 기울인 사람은 아무도 없었다. 하룻밤 사이에 미국은 경제 발전소에서 세계 금융 위기의 진원지로 바뀌었다.

미국의 모든 사람들은 대공황에 대해 이야기했다. 2009년이 되자 공식적인 실업률이 이전 10년의 두 배인 약 10%에 다다랐다. 실제 실업률은 그보다 또 두 배 이상이며, 결국 미국 경제는 공식적인 불황에 들어갔다고 일부 분석가들은 말했다. 불황이건 공황이건, 그것이 신용 경색(credit crunch)으로 인해 시작되었다는 데에는 모든 사람들의 의견이 일치했다.

'크레딧 크런치'라는 용어는 전혀 해롭지 않은 말처럼 들리기도 한다. 무슨 초콜릿과자 이름 같기도 하다. 하지만 실제로 그것은 수백만 명의 직업과 평생 저축, 집, 더 나은 삶에 대한 꿈을 앗아간 거대한 경제 붕괴를 가리킨다.

신용 경색은 은행업에 대한 규제 완화의 결과였다. 플라스틱 수술비를 제일 손쉬운 플라스틱 머니로 지불하게 한 것도 이런 규제 완화책 가운데 하나였다. 경제 불황이 닥치자 가장 곤란에 처한 사람들은 빚이 많은 사람들이었다. 물론 빚이 많은 사람이란 가난한 사람들을 말한다.

연방준비은행의 데이터를 보면 소득수준 하위 40% 미국인들의 신용카드 부채 비율은 소득수준 상위 40%에 속한 사람들의 그것보다 50%나 높았다. 가난한 미국인들이 실제로 그처럼 높은 부채를 감당할 능력이 없음을 알아챈 은행들은 2008년 그 사람들의 신용공여한도(credit line)를 15% 낮춰버렸다. 전년의 두 배에 달하는 비율로 돈줄을 쥔 것이다. 미국에서 대부분의 성형수술 비용으로 지불되던 손쉬운 플라스틱 머니가 갑자기 말라버렸다.

그러자 성형수술은 금융 규제 완화 이후 처음으로 인기가 줄어들었다. 미국미용성형수술협회(ASAPS)가 집계한 자료에 따르면 미용시술 전체 건수는 2008년 12% 감소했다. 유사한 전문단체인 미국성형외과협회(ASPS)에서는 미용수술 건수가 9% 떨어졌다고 집계했다.

하지만 이들의 데이터를 해석하는 데에는 주의가 필요하다. 우선 주사제 같은 비외과적 시술이 이 기간에도 5%나 늘었다. 이 통계들은 모든 미용시술을 다 포함한 게 아니라 공인면허를 받은 성형외과 의사들의 수술만 집계한 것이다. 공인면허 없는 수많은 의료 전문가들도 미용수술을 시행한다. 보톡스 주사 같은 비외과적 시술들은 의사 아닌 미용사들이 수행하는 경우도 왕왕 있다. 덕분에 '지하실 세일 가격'에 성형미용을 찾는 많은 미국인들에게 미용 관광은 점점 더 인기 있는 선택으로 떠올랐다.

이런저런 데이터의 결함에도 불구하고, 플라스틱 공화국은 2008년에 파괴점에 다다른 것이 틀림없어 보였다. 그것은 더 이상 늘어날 수 없었다.

이는 다수의 전문가들에게 놀라움을 안겨주었다. 대공황이 처음 시작되었을 때, 성형외과 의사들과 여성지의 편집자들은 이구동성으로 비외과적 시술이 더 늘어날 것이라는 견해를 밝혔었다. '립스틱 효과'가 있을 것이라는 예상이었다. 말하자면 사람들이 주름 제거 등 상대적으로 큰 투자를 기피하는 대신 보톡스처럼 직장을 쉴 필요도 없고 덜 비싼 사치품에 비용을 쓰게 되리라는 것이었다.

그러나 불황이 길어지자 보톡스 메이커인 엘러간(Allergan)조차 그들의 대표적인 안면 회춘 제품의 판매가 2008년 마지막 분기에 거의 3% 감소하는 것을 지켜봐야 했다. 유방 임플란트 제품은 무려 12%가 감소하는 등 성형미용 제품의 매출이 7,100만 달러나 줄어들었다고 이 회사는 보고했다. 2008년 전국적으로 실시된 조사에서는 대다수 의사들의 미용 부문 영업이익이 감소한 것으로 나타났다. 불황에 진입하고 약 2년 후인 2009년 5월 의사들을 대상으로 한 내 인터뷰에서도 수많은 의사들이 '2008년 가을 극심한 영업 부진을 겪었다.'는 내용이 포함되어 있다.

미래는 여전히 플라스틱

2009년 1월,《크로니클 오브 하이어 에듀케이션》에 글을 쓰면서 나는 '신용 경색이 플라스틱 머니로 치러지는 플라스틱 미용의 종말을 고하리라.'는 예언을 한 바 있다. 85%의 미용수술과 비외과적 시술이 신용으로 치러지는데, 신용이 말라버렸으니 미국인들은 더 이상 미용수술을 소비할 수 없으리라고 나는 주장했다. 그 결과 우리가 갑자기 끔찍스럽게 늙고 추해질 것이며, 도리언 그레이의 초상이 평범한 미국인들의 얼굴과 몸에 실현될 것이라고 말이다.

물론, 나는 틀렸다.

나는 나의 예상이 틀렸다는 사실을 친구인 앨리('들어가는 글'에 등장했던 그 친구다)와 다시 한 번 달리기를 하면서 깨달았다. 이번에는 2009년 3월의 어느 춥고 흐린 날이었다. 경제 붕괴가 온 나라를 뒤덮은, 그런 우울한 분위기와 잘 어울리는 날씨였다. 우리는 여전히 브룩클린의 프로스펙트 공원을 달렸는데, 주고받는 이야기라고는 온통 경제에 대한 것뿐이었다. 실제로 우리 둘 다 경제 붕괴의 여파로 고전하는 중이었다. 우리는 우리가 더 가난해지리라는 예측과 함께 미래의 걱정거리들을 하나씩 꼽아보았다. 광고업계에 종사하는 그녀의 직업은 아무리 생각해도 위태로웠다. 앨리는 수입이 계속 줄어가는 것을 걱정했다. 또한 아이들과의 여름휴가를 가지 못하게 될까봐, 그녀의 (새로운) 파트너와 레스토랑에서 저녁 한 끼 먹을 여력조차 없어지게 될까봐 두려워했다. 그 시점에서 그녀는 대다수의 미국인들이 했음직한 일을 했다. 800달러를 들여 얼굴의 팔자주름에 필러 주사를 맞았다는 것이었다.

나는 달리기를 멈추고 헐떡였다.

"왜?"

"내가 너무 늙고 너무 지쳐 보이지만 않는다면, 클라이언트가 더 늘어날지도 모르잖아."

그녀의 대답이었다.

미국인들은, 내 친구나 마찬가지로, 성형미용의 소비를 전혀 멈추지 않고 있었다. 의료신용 회사가 문을 닫고 뽑아 쓸 수 있는 신용카드의 한도가 동결되었음에도, 미국인들은 플라스틱으로 남을 수 있는 길을 다시 찾아냈다. 직업을 잃지 않으려, 이전보다 줄어든 돈으로 생계를 꾸리려 애를 쓰면서도, 미국인들은 여전히 플라스틱을 구매했다. 다만 이전만큼 많이 구매하지 않을 뿐이었다.

이것이 진실이다. 미국인들은 여전히 플라스틱 미용을 사들이고, 그 이유는 언제나 그렇듯이 똑같다. 경제적 애정적 불안정이, 일군의 문화적 각본들이 그들에게 외친다. '성형만이 해답!'이라고. 그렇다, 미국인들은 2007년보다 2008년에는 덜 샀다. 그러나 내가 인터뷰했던 대다수의 의사들은 영업 감소가 2008년 말을 지나면서 다시 회복되리라고 보았다. 과거 10년 동안의 전체적인 추세는 162%라는 놀라운 증가세였다. 그 이런 10년 전까지 놓고 보면 증가율은 무려 457%에 달한다.

세계적으로는 미용수술의 추세가 전혀 줄어들지 않은 것 같다. 2009년 5월 인터뷰했던 세계 여러 나라의 의사들은 영업 감소에 대한 이야기를 한 적이 없다. 오직 멕시코나 도미니카공화국 등 미국에서 넘어오는 미용수술 고객들에 의존하고 있는 지역의 의사들만 예외였다. 도미니카공화국에서 온 한 의사는 실적이 10% 떨어졌다고 했는데, 미국 환자(그의 영업에서 대략 80%를 차지)가 줄었기 때문이라고 했다.

"물론 그 미국 여성 손님들 대부분은 어떻게든 다시 찾아왔습니다. 그들은 소득세 환급분을 사용했습니다. 미국으로서는 힘든 한 해였지만, 그래도 수술비용은 마련하더군요."

러시아에서 미국으로 건너온 한 의사는 자신의 영업이 상당히 감소했다고 말했다. 2008년에 비해 2009년에 20%는 줄었을 것이라고 했다. 그러나 모스크바에서 개업 중인 다른 두 의사는 멀쩡하다고 했다. 한 사람은 소파에 기대앉으며 이렇게 말했다.

"세상에는 두 가지 종류의 사람들이 있습니다. 위기에는 돈을 쓰지 않는 사람, 그리고 위기에는 자신에게 더 기꺼이 투자하는 사람. 많은 사람들이 이번 위기를 자신에 대한 투자가 필요한 때라고 보고 있지요. 그리고 그건 실제로 다른 어떤 것보다 더 나은 투자입니다. 만약 당신이 은행에 돈을 넣어둔다면, 돈을 잃게 됩니다. 만약 돈을 당신의 몸에다 넣어둔다면, 그렇다면 어떨까요?"

세계 각국(인도, 아랍에미리트연합, 스위스, 콜롬비아)에서 온 의사들은 그들의 나라에서 미용수술은 계속 인기가 치솟고 있다고 말했다. 신용 경색의 타격을 역시 심하게 입은 영국에서는 2008년에도 유방 임플란트와 복부 성형이 30%나 늘었다.

미용수술 산업은 어떤 면에서 월스트리트와 비슷하다. '고통을 제대로 느끼기에는 너무 크다.' 미용수술 산업이 미국에서는 감소를 겪었는지 몰라도, 전체적인 구도에서 보면 여전히 10년 전보다 훨씬 더 큰 수입을 올리고 있다. 월스트리트의 어떤 경영자에게 주어지는 보수가 700만 달러에서 630만 달러로 줄었다 해도, 실제로 그 차이는 미미한 것이다. 그 경영자는 여전히 부자다. 성형미용 역시 여전히 그 경제적 규모가 어마어마하다. 라스베이거스에서 열렸던 2009 미국미용성형수술협회 컨벤션에서 내가 깨달았던 사실 중 하나도 바로 그것이었다.

라스베이거스 만세!

5월 어느 따뜻한 봄날, 뉴욕에서 비행기를 타고 플라스틱 공화국의 진원지라고밖에 달리 표현할 수 없는 도시로 여행을 떠났다. 신 시티(Sin City)*에서 열리는 성형수술 컨벤션에 참석하기 위해서였다. 현지 신문 《라스베이거스 선》에 따르면, 매년 이 도시를 방문하는 4,000만 명 이상의 관광객들과

> * 라스베이거스의 별칭. 2005년에 제작된 프랭크 밀러, 로버트 로드리게스 감독의 미국 영화 〈신 시티(Sin City)〉는 라스베이거스를 배경으로 악과 이에 대한 응징을 다루고 있다. – 옮긴이

200만 명 이상의 주민들이 하나 같이 큰돈을 따겠다는 꿈을 공유하고 있다. 물론 큰돈을 따려면 큰 위험을 떠안아야만 한다.

　도박이란 가장 낙관적인 행농이다. 사람들은 대다수의 사람들이 따지 못한다는 것을 알고 있지만 돈을 건다. 그리고 그 대다수의 사람들이 잃는다. 도박 산업과 신자유주의적 자본주의가 작동하는 방

식이 바로 이것이다. 우리들 압도적 대다수는 패자들이다. 그런데도 우리는 계속한다. 잭팟을 터뜨릴 수 있는 100만분의 1의 기회가 항상 거기에 있기 때문이다. 우리가 위험을 안고 더 큰 가슴, 더 가는 허리, 더 젊은 얼굴에 돈을 건다면, 우리 자신이 신데렐라의 해피엔딩을 실현할 수 있을지도 모른다는 희망이 거기 있기 때문이다.

라스베이거스에는 환상을 실현 가능한 것으로 보이게 만드는 무언가가 분명 있다. 어쩌면 그것은 건축양식 때문일지도 모르겠다. 라스베이거스는 1893년 시카고박람회에서 처음 선보인 판타지 건축양식을 가지고 있다. 그것은 가능성과 현실 도피의 감정을 불러일으키는 양식으로, 그 속을 걸어가는 이들에게 특별한 '재미'를 준다.

룩소르 리조트의 피라미드를 올려다 본 사람이라면, 또는 코니아일랜드 사이클론 롤러코스터 옆에 자유의 여신상이 서 있는 뉴욕 뉴욕 리조트에서 거리를 내려다 본 사람이라면, 누구나 이 도시의 환상적인 전경이 보여주는 끝없는 가능성에 들뜨게 된다. 이처럼 라스베이거스는 아메리칸 드림의 물질적 발현이다. 그 아메리카의 꿈이 악몽으로 바뀌고 말았지만.

라스베이거스의 실업률은 미국의 대다수 지역들보다 높다. 미국을 서브프라임 모기지 사태로 몰고 간 것도 이 도시다. 2009년 4월까지 압류당한 집이 거의 스무 채 가운데 한 채다. 어떤 경제학자는 라스베이거스의 경제를 '절벽 다이빙'이라고 표현했다. 그곳의 모든 경제지표들이 좋지 않아 보인다. 미국인들이 약속된 '빅 잭팟'을 꿈꿀 능력을 상실했음을 보여주는 가장 분명한 지표는, 아마도 도박이 거의 20%나 줄어들었다는 사실일 것이다.

미용수술 전문의들의 회합에 참석하기 위해 (내 예산에 맞는 리조트보다 훨씬 규모가 큰) 만달레이 베이 리조트에 도착하자, 나는 우선 그 환상적인 건축양식에 압도되었다. 더불어 거기를 드나드는 미국인들의 환상적인 모습에도 충격을 받았다.

카지노를 서성거리는 사람들은 미국 '계층별 육체'의 살아있는 지도를 보여주었다. 내가 묵는 엑스칼리버 리조트에서는 매일 시끌벅적한 아더왕 식의 '마음껏 먹어라!' 연회가 열렸는데, 거기에 참석하는 사람들의 체구는 훨씬, 눈에 띄게 훨씬 컸다. 엑스칼리버의 손님들 중 상당수는 과도한 비만과 관련된 질병 때문에 전동의자를 타고 있었다. 그래서 그곳의 슬롯머신 상당수가 '장애인 사용 가능'으로 제작되어 있었다. 이처럼 움직이지도 못하는 미국인들이 거기서 벗어나려고 필사적으로 슬롯머신에 동전을 집어넣고 있는 리조트에서 만달레이 베이로 옮겨간 나는 충격을 받고 말았다. 은은한 스타일과 상류층 디자인으로 치장한 만달레이 베이에서 열리는 미용수술 전문의들의 컨퍼런스는 날씬하고, 잘 차려입고, 대다수가 백인인 상류층 육체들로 가득 차 있었다.

만달레이 베이와 엑스칼리버의 관광객들을 묶어주는 유일한 공통점은 플라스틱이었다. 내가 묵는 리조트에서는 움직이지 못하는 시민들이 거기서 벗어날 길 없다는 현실로부터 구원을 찾고 있었고, 성형외과 전문의들의 리조트에서는 상점과 레스토랑과 도박장이 모두 '절제'된 모습이었다. 그러나 두 곳의 사람들은 모두 플라스틱 수술의 징표들을 몸에 드러내고 있었다. 가짜 가슴, 가짜 코, 중년이건 노년이건 부드럽고 주름 없는 얼굴.

물론 차이점도 있었다.

나의 싸구려 리조트에서는 여성들의 가슴이 거대했다. 주로 젊은 사람들에게서 특히 그랬다. 코 수술이나 안면 주름 제거를 받은 사람은 그다지 많지 않았다. 또 엑스칼리버의 일반 대중들 사이에서는 정기적으로 보톡스를 맞는 사람들의 특징인 '부자연스럽게 굳은 얼굴'도 거의 보이지 않았다.

고급 리조트의 사람들은 가슴이 우뚝했지만 좀 작았고, 코도 작았다. 얼굴은 완벽하게 매끈했다. 만델레이 베이의 거의 모든 육체들은 날씬했다. 체육관에서 끝없는 시간을 보낸 결과임에는 의심의 여지가 없었지만 여기 저기 찢고 꿰맨 덕이기도 할 것이다.

거기서 나는 성형외과 의사들, 산업체 대표들, 기자들, 그리고 이 분야의 여타 전문가들과 인터뷰를 하면서 일주일을 보냈다. 그러는 동안 두 가지 사실을 분명하게 깨달았다. 첫 번째 사실은 노동계층의 커다란 플라스틱 육체와 부유층의 날씬한 플라스틱 육체가 만들어내는 두 세계가 공히 미국적이며, 미국은 이제 완전히 플라스틱이 되었다는 것이다. 아울러 미용수술 업계가 가진 상당량의 부가 '전동의자에 앉아 슬롯머신을 하고 있는 바로 그 사람들'로부터 쥐어짜낸 것이라는 사실도 분명해졌다. 마치 지방흡입에서 짜낸 지방처럼.

부를 뽑아내는 사람들인 성형외과 의사들은 신용 경색으로 영업이 침체되었을 것이다. 그러나 끝나지는 않았다. 더 중요한 점은 2008년 가을부터 점차 개선되고 있다는 사실이다. 왜 사람들은, 특히 가난한 노동자계층 미국인들은 완벽한 육체라는 프로젝트를 포기하지 않는 것인지 한 미용수술 전문의에게 물었다. 돌아오는 대답은 이러했다.

"플라스틱 지니*를 병에 다시 담을
수는 없으니까요."

우리는 완벽에 대한 약속, 적어도 더
나은 삶 약속을 받아왔다. 그리고 우리

* 병이나 램프 속에 살다가 불러내는
사람의 소원을 들어준다고 하는 아
라비아 신화의 정령 – 옮긴이

는 여전히 그것을 원하고 있다. 그러나 더 나은 삶으로 가는 통상적
인 길들은 갈수록 좁아지고 있다.

아메리칸 유니버시티 대학의 경제학자 톰 허츠(Tom Hertz)가 미국
진보센터에 제출한 보고서에 따르면 지난 30년 동안 점점 더 많은
미국인들의 계층 이동성이 계속해서 떨어지고 있다. 중산층의 소득
변동성도 그러하며, 2003~2004년 사이에는 더 장시간을 일한 사람
들의 소득이 전혀 증가하지 않았다. 이동성 하락을 겪지 않은 유일
한 집단은 이 먹이사슬의 최정상(상위 10%)에 속한 사람들뿐이었다.

잭팟을 터뜨리겠다는 아메리칸 드림이 점점 불가능해지고 있음
에도 불구하고, 더 많은 미국인들은 그것이 가능하다고 여전히 믿고
있다. 1980년에는 60%에 약간 못 미치는 미국인들이 '가난하게 시
작해도 열심히 일하면 나아질 수 있다.'고 생각했다. 그 가능성이 훨
씬 적어진 2005년에는 인구의 80% 이상이 '가난뱅이에서 부자로 바
뀌는 스토리'가 여전히 가능하다고 여전히 믿고 있다. 열심히 일하
면 가난뱅이도 부자가 될 수 있다고 믿는 프랑스나 영국 사람들의
숫자보다 서너 배나 높은 수치다.

그러나 열심히 일하는 것은 우리를 그리 멀리 나아가게 해주지 않
았다. 유일한 탈출구는 위험을 떠안는 것이다. 도박을 거는 것이다.

경제가 붕괴하자, 우리는 육체적 변신을 통해 아메리칸 드림을 살려 나갔다.

위기는 없다

"사업이 어떠세요?"

이 질문에 세인트루이스에서 온 한 여성 의사는 소득이 65% 떨어졌다고 대답했다. 중서부에서 온 다른 의사는 미용수술 영업이 55% 줄었다고 말했다. 그러나 나머지 대부분의 사람들은 '좋아지고 있다.'고 대답했다. 보스턴에서 한 외과병원을 총괄하고 있다는 성형외과 의사는 다음과 같이 자평했다.

"첫 분기에는 영업이 23% 줄었습니다. 회계연도로 2008년 10월에서 12월까지를 말합니다. 하지만 요즘 약간의 변화가 생겼습니다. 유방 임플란트가 다시 올라가고 있습니다. 전체적으로 보면, 사람들이 회복기간이 짧고 가격이 낮은 쪽을 찾는다고 해야겠군요. 어떤게 효과적인지는 따지지도 않습니다. 써마지(Thermage)* 같은 거 말입니다. 우리는 이렇게 말하곤 하지요. '일단 해보고, 어떻게 되는지 봅시다.' 그러면 사람들은 '그러자.'고 합니다."

> *고주파로 피부 깊숙이 열을 발생시켜 탄력과 주름 개선 효과를 준다는 장비로, 미국 솔타메디칼(Solta Medical)사의 등록상표 - 옮긴이

라스베이거스의 한 미용수술 전문의는 그가 하고 있는 미용수술이 역시 25% 줄었다고 말했다.

"요즘은 비외과적 시술이 더 인기가 많습니다. 회복기간이 필요 없으므로 직장에서 휴가를 얻지 않아도 되죠. 요즘 같은 경제 상황에서 2주의 휴가를 쓴다면, 직장에서의 내 자리가 언제 다른 사람으로 교체될지 모릅니다. 환자들과의 관계도 변했습니다. 돈이 자유롭던 시절과 같지는 않지요. 이제 그걸 헤아려야 합니다. 무슨 수술을 하든지 단박에 효과가 있어야 하는 겁니다."

유방과 복부 성형을 주로 한다는 오하이오의 한 의사도 비슷한 견해를 밝혔다.

"경제로 인한 충격이 확실히 있었어요. 1년 반쯤 전부터 그랬을 겁니다. 하지만 지난 가을(2008년)에 바닥을 쳤습니다. 이제 나아지고 있어요. 작년에는 신용이 빠듯했는데 요즘은 다시 풀리고 있으니까요."

뉴욕 도심에서 온 한 의사는 이렇게 말했다.

"4년 전에는 사람들이 주택담보대출을 이용했습니다. 그런데 요즘에는 이율이 12~18%인 케어크레딧(CareCredit)* 이용이 크게 늘었습니다. 대부분 그걸 신청하는데, 예전에는 거의 이용하는 사람이 없었지요."

*미국 케어크레딧사에서 운영하는 병원비 장기 분할납부 금융상품 – 옮긴이

서부 주에서 온 또 다른 의사도 2008년 가을의 빠듯한 경제 위기 상황 당시 '의료신용이 줄어든 게 아니라 오히려 더 많이 이용되었다.'고 말했다.

"한 해 전만 해도 저는 금전 문제에 전혀 신경을 쓰지 않았습니다. 대다수의 제 환자들은 현금 아니면 신용카드를 이용했으니까요. 그

런데 요즘은 환자들의 약 50%가 케어크레딧을 이용합니다. 문제는 제 영업이익이 절반으로 줄었다는 겁니다. 어쩔 수 없는 일이지만."

성형수술은 확실히 줄어들었다. 그러나 끝나지는 않았다. 미국의 대다수 의사들은 '영업 감소를 겪기는 했지만 2008년 12월을 기점으로 미용시술의 수요가 다시 늘어나기 시작했다.'고 말한다. '미용시술 건수가 줄어든 적이 전혀 없었다.'고 말하는 미국 의사들도 몇몇 있었다. 코네티컷에서 온 한 의사는 이렇게 말했다.

"만약 제 사업이 월마트 같이 물량에 기반을 두고 있다면 확실히 타격을 입었을 겁니다. 그러나 성형수술 사업은 물량이 아니라 주변의 평판, 입소문에 기반을 두고 있지요. 저는 사실 2008년에 사업이 약간 성장했습니다."

유방 임플란트 수술이 전문인 앨라배마의 한 의사는 '물량에 기반을 두고 있지만 사업이 약간 커졌다.'고 했다. 다른 주와 심지어 다른 나라로부터 새로운 고객들을 유치한 덕이라는 것이다. 달러가 약세일수록 유럽과 심지어 인도로부터도 여성들의 문의를 더 많이 받는다고 한다.

위기에 강한 플라스틱

심해지는 경제 불안정이 사실상 더 많은 미국인들을 성형수술로 몰아간다고 주장해도 그다지 큰 논리의 비약은 아닐 것이다. 사람들이 직업을 잃었기 '때문에' 성형외과로 찾아오는 경우가 더 늘어나고 있다. 남부 주에서 온 한 의사는 이렇게 말했다.

"직업을 잃어서 찾아왔다는 환자들을 처음 만났습니다. 의사 인생에서 거의 처음이었지요. 이전에는 수술을 생각조차 해본 적이 없는 50대 여성들이 이제 직업을 잃거나 또는 잃을까 두려워하고 있습니다. 수술을 받기 위해 두 번째 주택담보대출을 받을 각오가 된 여성들이지요."

캘리포니아의 한 의사는 병원의 수술 대기자 명단이 예전보다 약간 짧아진 것 같다고 말했다. 그러나 비외과적 시술을 받는 사람들의 수는 해마다 늘어나고 있다고 한다. 수술을 받느라 직장을 쉰다거나, 그래서 잘릴 위험을 감수할 필요가 없기 때문이었다. 대신에 사람들은 월요일 아침에 '더 신선하고' '더 생기 넘치는' 모습으로 출근하는 쪽을 택한다.

"당신이라면 누구를 계속 쓰고 누구를 내보내겠습니까? 항상 눈 밑이 축 늘어져 피곤해 보이는 사람을 쓰고 싶습니까?"

그는 내 눈 밑의 늘어진 피부를 자세히 들여다보면서 그렇게 되물었다. 롱아일랜드의 한 의사는 '골드먼 삭스 타입의 사람들', 즉 직업을 잃은 사람들이 주 고객인데 그들 중 상당수가 '직업시장에서 경쟁력을 더 높이고 싶어서' 그의 사무실에 찾아온다고 했다.

고위급 경영진 같이 '수준 높은 고객'을 보유하고 있다는 보스턴의 한 의사는 자신의 고객들 중에서도 실업자가 된 사람들이 늘었다고 했다. 그러나 '그들은 새로운 직장을 얻을 수 있으리라 기대해서가 아니라 단지 시간이 있기 때문에' 수술을 받으러 온다고 그는 주장했다. '그들이 직장을 가지고 있다면, 이런 걸 할 시간이 없을 것'

이라고 그는 덧붙였다.

한편 네바다 주 카슨 시티의 한 의사는 자신의 환자들이 칵테일 바의 웨이트리스거나 관광업에 종사한다면서, 경기가 하강하자 찾아오는 환자들의 수가 크게 늘었다고 말했다. 더 나은 외모로 직장을 찾으려 하기 때문이라는 것이다. 자신의 고객들 중에서 20% 정도는 직장을 찾으려 하기 사람들일 것이라고 그는 추산했다.

직장을 잃은 보스턴의 '수준 높은' 화이트컬러 노동자들이 사실은 직장을 잃은 카슨 시티의 칵테일 바 웨이트리스만큼이나 절박하리라는 점은 의심의 여지가 없다. 바버라 에런라이크(Barbara Ehrenreich)가 《미끼 상술 : 아메리칸 드림의 (헛된) 추구》에서 지적했듯이, 화이트컬러 노동자들은 현재의 경제 붕괴 이전에도 실업자의 20%를 차지하고 있었다. 그런 그들에게 주어진 말은, 다시 직업을 찾고 싶다면 '긍정적으로 생각'해야만 한다는 것이었다. 이른바 '진로 상담가들'이 내놓는 조언에 따르면 그렇다. 만약 전문 직업인이 자신의 실직에 대해 긍정적인 자세를 보이지 않는다면, 아무도 그들을 고용하지 않을 것이라는 말이다.

확실히 '이제 안면 주름 제거를 받을 시간이 생겼군요.'라는 말은 '나는 일자리가 필요하고, 그걸 얻기 위해서라면 무엇이든, 성형수술이라도 기꺼이 받을 용의가 있어요.'라는 말보다 훨씬 더 긍정적으로 들리기는 한다.

플라스틱을 규제한다고?

/

"나는 미국의 소비자들을 보호하기 위한 신용카드 개혁 법안의 통과를 의회에 요청합니다. 우리 경제에는 지속적이고 성공적인 신용의 흐름이 필요합니다. 그러나 노동자 가족들을 오도하여 얻는 이윤은 허용할 수 없습니다. 그런 시절은 끝났습니다."

버락 오바마 대통령이 2009년 5월 의회에서 한 연설의 일부다.

"솔직히 말해서, 여긴 그들이 장악하고 있어요."

이는 딕 더빈(Dick Durbin) 상원의원이, 은행산업이 의회에 행사하는 영향력이 어느 정도인지 그리고 진정한 금융 개혁이 일어나기 어려운 진짜 이유가 무엇인지를 설명하면서 한 말이다. 사태는 실로 난감하다.

경제 위기는 정부의 시장 규제가 너무 적었던 데서 비롯된 결과라고 대다수 미국인들은 보고 있다. 2009년 여론조사에서는 3분의 2 이상의 미국인들이 '금융업에 대한 정부의 감독이 강화되기'를 바라는 것으로 나타났다. 2009년 10월 25일에는 수만 명의, 어쩌면 수십만 명의 시위대가 시카고에 모여 금융가들과의 '결전'을 부르짖었다. 이 '시카고 결전'의 조직자 중 한 명인 조지 괼(George Goehl)은 이렇게 말한다.

"기록적인 압류 사태를 몰고 온, 우리 경제를 깊은 불황으로 몰아넣었으며 수 십 억에 수 십 억을 더한 납세자 구제 금융을 요구했던 바로 그 금융기관들이, 미래의 붕괴를 막을 금융 개혁을 무산시키기 위해 유례없는 규모로 돈을 퍼붓고 있습니다."

이런 각성된 시민들의 노력 덕분에, 플라스틱 수술과 플라스틱 머니를 규제하려는 일부 정책이 연방정부에 의해 추진되었다. 2009년의 신용카드 개혁 법안은 의료신용을 포함해 업계의 일부 악성 신용 공여를 통제하려는 시도였다. 예를 들어 신용회사들로 하여금 이자율의 변동을 고객들에게 고지하게 하고, 고객들에게 자신의 계좌를 차단할 선택권을 부여하도록 했다. 또한 신용회사들이 고의적으로 상환기일에 촉박하도록 늦게 청구서를 발송함으로써 연체이자를 물리는 짓을 더 이상 하지 못하도록 했다.

국가의 이러한 시도들에도 불구하고 금융가들은 수억 달러의 로비 자금을 퍼부어 의회가 법안의 핵심적인 부분들을 약화시키도록 구슬렸다. 이는 곧 소비자들이 여전히 약탈적인 대출 관행에 노출되어 있다는 의미다. 그런 약탈적인 대출 관행에는 의료신용도 포함된다.

은행산업에 대한 연방정부의 규제에 어떤 식으로든 반대하는 이들은 신자유주의의 수사법을 애용한다. 공화당 하원의원인 조지아 주의 톰 프라이스(Tom Price)는 소비자금융보호청 신설에 공개적으로 반대하면서 "나는 이를 아메리칸 드림 제한 및 금융 파괴 법안이라고 부르겠다."고 선언했다. 미국 상공회의소는 소비자금융보호청 신설을 무산시키기 위해 200만 달러 이상을 썼다. 상공회의소는 심지어 '소비자금융보호청 저지(Stop the CFPA)'라는 웹사이트까지 개설했다. 이 사이트는 연방 소비자금융보호청이 '소유하고, 사고팔 수 있는 금융상품과 서비스의 형태에 대한 여러분의 개인적 선택을 연방 관리들의 결정으로 대체할 것'이라고 미국인들에게 경고하고 있다.

그러나 '개인적 선택'이라는 이데올로기는 미국인의 57% 이상에게는 공허한 울림에 지나지 않는다. 그들은 은행업과 신용에 대한 규제 강화를 원하고 있다.

일부 주들은 실제로 플라스틱 수술과 플라스틱 머니 둘 다를 규제하는 데 있어 자신들의 역할을 재확인하려 했다. 캘리포니아에서는 배우 출신 주지사이자 신자유주의의 치어리더인 아놀드 슈왈제네거가 2009년 10월 돈다 웨스트(Donda West) 법안의 발효에 서명했다. 이는 힙합가수인 카니예 웨스트(Kanye West)의 어머니 이름을 딴 법안인데, 그녀는 미용수술을 받다가 심장마비로 사망했다. 그래서 성형수술을 받고자 하는 사람은 먼저 신체검사를 받아야 한다는 것이 이 법의 골자다. 이는 너무나 당연한 조치로 보인다. 그러나 이때까지도 미용수술은 국가로부터 제대로 규제를 받은 적이 없었기 때문에, 일부 의사들은 기존 병력(病歷)을 가진 환자들에게도 별다른 조처 없이 수술을 해왔다. 성형수술이 사망으로 이어지는 결과를 초래할 가능성을 높여놓았던 것이다.

노스캐롤라이나는 금융업의 규제를 실시한 최초의 주였다. 이후로 캘리포니아를 포함한 여러 주들은 약탈적인 대출 관행으로부터 시민들을 보호하는 것이 자신들의 전통적인 역할임을 재확인하려 했다. 하지만 불행히도, 플라스틱 머니의 규제에 관해서는 아무런 진전이 없다. 수십 년 간 제정되어 온 연방 법률들은 은행을 규제할 국가의 권리를 비켜가고 있을 뿐이다. 또한 의회는 금융업을 통제할 국가의 권한에 우선하는 법안들만 계속해서 통과시키고 있다. 의회와 정부가 금융가들의 손아귀에 붙잡혀 있다. 미국의 실제 지배자가 누구인지를 분명히 보여주는 장면이다.

이제 미국과 미국 국민들은 갈림길에 서게 되었다. 플라스틱 머니가 계속 자유롭게 흐르도록 허용할 것인가, 아니면 신용의 흐름에 개입해서 통제할 것인가?

국민의 부채로부터 막대한 이윤을 보는 은행들과 GE 같은 기업들은 플라스틱에 대한 정부의 규제를 막으려고 열심히 뛰어다니고 있다. 그러나 은행과 신자유주의적 탈규제 정책에 대한 대중의 분노는 충분히 광범위해졌고, 이제 곧 플라스틱 수술을 위한 플라스틱 머니에 종말을 고하려 하고 있다.

수술을 위한 부채의 흐름을 차단한다고 하더라도, 그 자체만으로는 미용수술의 소비를 끝낼 수 없다. 미국인들이 점점 플라스틱이 되어가는 것을 진정으로 막으려면, 모든 국경선을 폐쇄하는 것이 사실상 유일한 방법이다. 대다수 산업과 마찬가지로 성형수술도 이제 글로벌 경제의 일부가 되었기 때문이다.

글로벌 시대의 플라스틱

메드컨설트(MedConsult)는 태국에서 보건휴가 일정을 보내려는 전 세계의 환자들을 위해 광범위한 의료 서비스를 제공하고 있습니다. 태국의 의료 관광은 매우 저렴합니다. 태국에서 수술과 관광을 한다면 다른 어떤 나라보다도 유리하게 70% 이상의 비용을 절약할 수 있습니다.

태국에서의 의료 관광을 홍보하는 한 웹사이트에 실린 문구다. 이처럼 오늘날 신자유주의 원리는 의학을 시장통에 내다놓았다.

신자유주의는 또한 이 세계에서 사업을 하는 방식도 지배한다. 오늘날의 의료 관광은 신자유주의 혁명이 남긴 수많은 흥미로운 유산들 가운데 하나일 뿐이다. 미국은 우선 각국의 무역 장벽을 걷어냈다. 수많은 나라들로 하여금 자신과 비슷한 자유방임 통화 정책을 채택하고, 상품의 자유로운 교역을 규제하려는 일체의 시도에서 물러서도록 권장(아마 실제로는 강압)하기 위해서다. 그렇게 해서 세계시장에서 점점 더 교역이 늘어나고 있는 품목 가운데 하나가 바로 성형수술이다. 의학적 개입을 원하는 육체들이 오늘날 국경을 넘나들어 교역된다는 사실은, 신자유주의 경제 정책과 육체적 완벽에 대한 문화적 편향이 결합된 이색적인 결과물임이 분명하다.

내비게이트 글로벌 헬스(Navigate Global Health)라는 의료 관광 웹사이트를 운영하고 있는 키어넌 플린(Kiernan Flynn)에 따르면 "모든 의학은 세계경제의 일부다." 플린의 다른 표현대로 하자면, 성형수술은 파인애플과 같다. 어떤 나라가 파인애플을 다른 나라들보다 더 값싸게 생산하면 우리가 그 나라의 파인애플을 사 먹듯, 이제는 의료 소비 역시 누가 어떤 시술을 최저 가격에 할 수 있느냐에 따라 결정된다는 것이다.

플린은 내게 말하기를, 이 모든 사태는 의료보험이 없는 어느 미국인이 20만 달러가 들어가는 심장혈관 우회 수술을 받으려 하면서부터 시작되었다고 한다. 그 환자는 조사를 좀 해보았고, 똑같은 수술을 인도에서 받으면 약 1만 2,000달러면 가능하다는 사실을 알아냈다. 플린을 비롯한 다른 지지자들에 따르면 의료 관광은 "파산으로 가지 않고도 수술을 받을 수 있도록 도와준다."

미국인들이 주로 미용수술을 받으러 해외로 나가기는 하지만, 어차피 앞으로는 우리 모두가 모든 의료 시술을 국제적으로 쇼핑하게 될 것이라고 그는 주장했다. 심지어 플린은 장래의 어느 시점엔가 미국의 보험회사들이 의료 관광 조항에도 사인을 하게 되리라고 내다봤다.

"만약 내가 의료보험 체계에서 제외된다면, 내가 뉴욕으로 가든 뉴델리로 가든 무슨 상관이겠어요?"

그리고 미국이 어떤 국민건강보험 서비스를 만들어낸다고 하더라도, 의료 관광은 여전히 성장 분야로 남을 것이라고 단언했다.

"이 사업모델은 영국과 캐나다에서 시작되었는데, 거기 사람들은 국민보건체계를 가지고 있습니다. 그러나 사설병원에 갈 여력은 안 되고 공중병원에 가기는 싫은 사람들이 어딘가 좀 싼 곳을 찾아가기 시작했습니다. 그런 식으로 그들은, 말하자면 무릎 수술과 휴가를 결합했던 것이지요."

플린의 웹사이트 같은 미용수술 관광업체 서비스를 이용하는 미용수술 소비자들은 시술 비용을 수천 달러 절약할 수 있다고 한다. 예를 들어 유방 임플란트를 받으러 코스타리카로 간다고 해보자. 수술을 받고, 임플란트를 심고, 열흘간 컨시어지 서비스를 갖춘 호텔에서 회복 요양을 한다고 해도 4,600달러면 충분하다. 이에 비해 미국에서는 유방 임플란트에만 7,000~8,000달러가 든다.

물론 우려도 있다. 나와 인터뷰를 했던 대부분의 미국 의사들은 해외 의료 관광의 안전성에 대해 회의를 나타냈다.

"합병증이라도 생긴다면 어떡하나요? 미국으로 돌아오고 나서 뭔가 잘못 된다면, 누구를 찾아가야하죠? 임플란트가 비뚤어진다거나 하면. 나라면 그런 상태로 나를 찾아오는 사람을 건드리지 않을 겁니다."

하지만 두 사람의 미국 의사는 이미 의료 관광에 동참하고 있었다. 미국 남부 주에서 온 두 명의 의사는 자신들이 유방 임플란트를 아주 싸게 할 수 있기 때문에, 유럽 전역과 심지어 인도에서도 환자들을 끌어들이고 있다고 내게 말했다. 미용 관광은, 의료계나 정부가 그걸 좋게 생각하든 아니든 관계없이, 이미 우리 생활의 일부로 자리 잡은 듯하다.

또 다른 정치적 경제적 혁명이 미국에서 일어나든 말든, 국가가 플라스틱 머니와 플라스틱 수술에 개입해서 규제하기로 하든 말든, 그 어떤 것도 플라스틱에 대한 미국인들의 욕구를 줄이지는 못할 것이다. 문화에 어떤 변화가 일어나지 않는 한 말이다.

어떤 국가가 비록 은행가들로 하여금 높은 이율의 신용을 제공하지 못하도록 규제를 강화한다 해도, 그 국민들이 여전히 플라스틱 수술을 받을 것인가 아니면 '바위 밑으로 기어들어갈 것인가'를 선택하도록 강요받는 문화에 처해 있다면, 그 나라 국민들은 플라스틱으로 가는 또 다른 길들을 찾아낼 것이다. 좀 더 싼 미용수술을 찾아 어딘가로 떠나는 여행이 그런 길들 가운데 하나다. 또 하나로는 '의료 암시장의 출현'을 생각해볼 수 있다.

지하로 간 플라스틱

언론 보도에 따르면, 플라스틱 미용의 암시장이 미국에서 성업 중이다. 사람들은 아파트나 호텔방, 또는 잘 사는 이웃집으로 가서 입술용 실리콘 주사제나 가짜 보톡스를 맞는다. 헐값에 불법 수술을 받는 미국인들도 있다. 보스턴에서는 한 브라질 출신 의사가 체포되었다. 그의 집 지하실에서 24세의 여성이 코 수술과 지방흡입을 받다가 사망했기 때문이다.

이 같은 비극은 가난한 미국인들을 대상으로 한 불법 미용수술의 네트워크가 얼마나 방대해졌는지를 보여준다. 심지어 할리우드 같은 곳에서도 값싸게 성형수술을 받는 사람들이 있다. 지피 루브 박사라 불렸던 아르헨티나 출신의 의사 다니엘 세라노는 '주사 파티'에서 실제로 할리우드의 여러 유명인들 얼굴에 '자동차용 실리콘'을 주입했다. 피해자들 가운데에는 프리실라 프레슬리(Priscilla Presley, 엘비스 프레슬리의 딸)도 있었는데, 한 평론가는 그녀의 망가진 얼굴을 보고 '말벌에 쏘인 불독 같다.'고 표현했다.

온 나라의 다양한 소득 수준에 걸쳐, 미국인들은 암시장의 플라스틱을 소비하고 있다. 식품의약국(FDA)은 플로리다에서 네 사람이 보툴리누스에 중독되어 마비 증상을 일으키고 나서야 가짜 보톡스 조사에 나섰다. 이후로 FDA는 전국적으로 가짜 보톡스 사용을 적발해내고 있다. 기소까지 이루어진 사람들의 명단을 보면 뉴저지 주의 몽클레어, 뉴멕시코 주의 앨버커키, 그리고 심지어 아이다호 주의 보이시에 있는 의사들까지 포함되어 있다.

이제 국가가 다시 개입해서 금융업과 미용수술 산업을 철저하게 규제한다고 하더라도, 플라스틱의 도도한 흐름을 막기에는 역부족이라고 할 수 있다. 우리의 문화가 '플라스틱 수술이야말로 우리의 불안정에 대한 유일한 해결책'이라고 가르치는 한, 사람들은 어떻게든 그것을 소비할 길을 찾아낼 것이다. 경제가 우리의 경제적 불안정을 증가시키는 한, 우리는 더 나은 미래로 가는 길을 필사적으로 찾을 것이다. 그렇다면 신자유주의 경제가 붕괴하고 신자유주의 이데올로기에 대한 거부가 강해지면, 플라스틱 문화경제에도 마침내 파괴의 조짐이 나타날까? 다음 장에서 이 문제에 대해 살펴보겠다.

제 7 장

플라스틱 공화국의 미래

우리 모두는 이런 사진들을 본 적이 있다. 망가진 유방 성형, 복부가 온통 울퉁불퉁해진 지방흡입, 퉁퉁 불어서 곧 터질 것 같은 입술. 이러한 이미지들은 성형수술의 위험에 대한 하나의 경고다. 동전의 양면이라고나 할까. 잘못된 성형수술을 보여주는 이미지들은, 아름다워지고 싶다면 성형수술을 해야 한다는 메시지만큼이나 광범위하게 널려 있다.

마이클 잭슨의 코는, 한때 너무 자주 수술을 한 나머지, 마침내 끝부분이 떨어져 나갔다. 마이클의 얼굴에 나타난 성형수술의 재앙을 가리기 위해 씌워놓았던 보철 코는 그의 사후에 누군가가 훔쳐가 버렸다. 마이클의 여동생 재닛(Janet)의 가슴 한쪽에는 임플란트가 흘러내려 커다랗게 패인 자국이 있다.《톱 소셜라이트》의 〈당신이 보게 될 최악의 유명인 성형수술 15〉는 이렇게 평했다.

"가슴에 커다란 함몰이 생기면 결코 좋지 않다. 재닛은 당장 자동차 정비소로 가서 들어간 부분을 두드려 펴야 한다."

비비카 폭스(Vivica Fox)도 가슴에 비슷한 함몰을 가지고 있다. 빅토리아 베컴(Victoria Beckham)과 토리 스펠링(Tori Spelling)은 둘 다 탱탱하게 바람을 넣은 비치 볼 같은 유방 임플란트를 했다. 타라 레이드(Tara Reid)의 지방흡입은 너무 엉망이어서 재수술을 해야만 했다. 그래도 여전히 엉망이어서, 그녀는 섹스를 할 때 조명이 다 꺼졌는지 반드시 확인한다고 한다. 레이드는 수술로 일그러진 그녀의 몸을 '나의 전쟁 상흔'이라고 표현했다. 불쌍한 스타 존스(Star Jones)는 또 어떤가? 그녀는 유방 임플란트 수술을 받는 동안 출혈이 너무 심해서 거의 죽을 뻔했다.

잘못된 성형수술을 보여주는 것은 타블로이드뿐만이 아니다. 보다 '신뢰할 만한' 여러 남성지와 여성지들이 성형수술의 재앙에 관한 이야기들을 싣고 있다.《맥심》은 이런 질문을 던졌다.

"우리는 성형수술이 사람들의 모습을 개선해주는 것이라고 들었다. 그런데 이 유명인들은 수술을 받고 나서 왜 더 끔찍해졌는가?"

실제로 플라스틱 괴물들은 우리 주변에 널려 있다. 그럼에도 불구하고 우리는 왜 성형의 유혹에서 벗어나지 못하는 것일까? 완벽한 아름다움을 추구하는 것이 인간의 본성이기 때문에? 그렇다고 주장하는 사람들이 실제로 있다.

예쁜 아기만 좋아하는 엄마들

2007년 여름. 한때 동베를린이었던 지역의 어느 커다란 강당에서, 나는 전 세계에서 온 수백 명의 성형외과 의사들과 함께 앉아 있었다. 국제성형재건미용수술연합(IPRAS)의 회의장이었다. 사무총장 마리타 아이젠만-클라인(Marita Eisenmann-Klein)은 미용수술의 미래에 대해 강연을 했다. 그녀는 하얀 셔츠에 하이힐을 신고, 여전히 팽팽한 얼굴 뒤로 금발머리를 당겨 묶고 있었다. 대다수가 남성인 의사들은 이 우아한 여성이 그들 분야의 미래에 대해 내놓는 예측을 조용히 듣고 있었다.

아이젠만-클라인 박사는 메이요 클리닉의 창업자인 윌리엄 메이요(William Mayo) 박사의 말을 인용해 미용수술을 '인간답게 보이기 위한 신성한 권리'라고 표현했다. 그러면서 그녀는 인간의 뇌가 '최고 미인 생존(survival of the prettiest)'*에 맞게 짜여 있다는 사실을 보여주는 여러 가지 과학적 연구들을 요약했다. 그러더니 전 세계적으로 미용수술 환자의 87.5%

* 다윈주의 진화론의 '최적자 생존(survival of the fittest)'이란 용어를 변형한 말 – 옮긴이

가 여성이지만, 산업화 국가들의 남성들도 갈수록 자신의 육체에 대해 만족하지 못하고 있으니 다행이라고 말했다. 강연의 대단원에 아이젠만-클라인 박사는 마침내 이렇게 선언했다.

"이상적인 육체는 자연에서 발생할 가능성이 거의 없습니다."

의사들은 우레와 같은 박수로 화답했다. 그들의 산업은 계속 성장할 것이다. 그들의 개인적인 부는 보장되어 있다. 플라스틱 미래는 생물학과 역사와 과학기술의 필연적인 결과였던 것이다.

그녀의 강연은 나를 불편하게 만들었다. 내가 유태인이거나, 또는 내가 그다지 예쁘지 않기 때문인지도 모르겠다. 그녀의 말은 우생학과 흡사하게 들렸고, 나치의 최종 해법을 다시 듣는 듯도 했다. 그곳이 베를린이었기에 더욱 그랬는지도 모른다.

강당에 있던 일부 의사들도 '아름다움이 계속 진군해오고 있으며 우리 모두 거기에 항복하든지 전멸당하든지 해야 한다.'는 생각에 대해 불편을 느끼는 듯했다. 그들의 얼굴에서 그 느낌을 읽을 수 있었다. 그러나 대다수의 의사들은 즐거워했다. 휘파람을 부는 사람들도 있었고 상당수는 객석에서 펄쩍 뛰어오르기도 했다. 적어도 그곳

에서 미용수술이 해온 '역할'의 역사적 중압감을 느끼는 사람은 거의 없는 듯했다. '추한' 유태인의 코를 사라지게 하고, 일본인의 눈꺼풀을 '고치고', 아프리카계 미국인들을 백색으로 벗겨내도록 '돕는'데 앞장섰던 그 역할을 말이다.

아이젠만-클라인 박사가 미의 '과학'을 만들어낸 것은 아니다. 우리에게 어떤 일들이 '불가피하다.'고 말하는 수많은 과학자들이 저 바깥 세상에 있다. 하버드의 심리학자 낸시 에트코프의 1999년 저서 《최고미인 생존》은 말하자면 '성형수술을 받아야 할 101가지 이유'의 과학판이다. 그 이유들 중 몇 가지를 들어보자. "못생긴 아이들은 학대 받을 가능성이 더 높다. 유아들조차 못생긴 얼굴보다 아름다운 얼굴을 더 선호한다. 남자들은 젊은 (그리고 분명히 금발의) 여자를 원하는 본능을 갖고 있다. 여자들은 남자의 관심을 끌려는 본능을 갖고 있다. 또 남자들은 젊음의 신호에만 끌리도록 되어 있다. 그리고 인류는 다양한 언어와 문화 속에 살고 있지만 위의 사실들은 본질적으로 변함이 없다." 에트코프에 따르면 "초기 인류의 뇌 속에 심어진 본능이 아름다움에 대한 우리의 관념을 지금까지도 구성해오고 있으며, 그것은 사소한 다른 어떤 것들, 말하자면 광고 같은 것들보다 훨씬 더 큰 비중을 차지한다." 그러나 에트코프의 결론들은 아무리 보아도 취약하기 그지없다. '유아들도 아름다운 얼굴을 선호한다.'는 연구를 예로 들어보자. 심리학자 주디스 랭글로이스(Judith Langlois)가 수행한 이 연구에서는 남자와 여자들의 얼굴 사진 슬라이드를 유아들에게 보여주었다. 사전에 실험의 자원참가자들에 의해 '매력도'가 매겨진 사진들이었다. 그랬더니 아기들이 그다지 예쁘지 않은 얼굴들보다 예쁜 얼굴들을 확실히 더 오래 응시했다는 것이다. 그러니까 우리는 아름다움이 무엇인지 아는 상태로 태어난다는 결론이다.

하지만 이 결론에는 아기들이 '왜' 그 얼굴들을 응시하는지를 우리가 모른다는 사실이 빠져 있다. 아기들에게 물어볼 수도 없는 노릇이다. 어쩌면 '아름답다.'고 평가된 그 얼굴들은 단지 2차원 공간에서 (더 대칭적으로) '좋아' 보이는 것일 뿐이지 않을까? 그것은 우리가 미용수술에 대해 알고 있는 것, 미용수술과 광고 및 영화 스타들의 관계에 대해 알고 있는 것들과 상당히 일치한다. 실제 무대 위에서 대단히 멋있게 보이는 얼굴들이 영화나 인쇄물에서는 그렇게 보이지 않는 경우가 종종 있다. 어쩌면 아기들이 '예쁜' 얼굴들에서 볼 수 있는 것은 인지하기가 쉽고 뚜렷한 윤곽이 아닐까? 실물 얼굴을 보는 것과 사진으로 찍힌 얼굴의 표상을 보는 것에는 분명히 차이가 있다. 설마 우리의 뇌가 3차원보다 2차원을 더 선호하도록 짜여있는 것은 아니지 않을까?

에트코프의 책을 몇 장 더 넘겨보면, 학대 받는 어린이들 중 훨씬 많은 다수가 못생겼다는 대목도 나온다. 이 연구는 법정 기록에 남아 있는 어린이들을 대상으로 한 것이다. 따라서 이 어린이들은 가난하고 교육받지 못한 가족 내에서 살았을 가능성이 높다. 왜냐하면 그런 어린이들이 (학대 받을 가능성이 높다고는 하지 않더라도) 법정보호 명령을 받게 될 가능성이 높기 때문이다. 또 가난의 자국이 아이들에게 남아있는 것일 수도 있다.

어쨌든 이 연구가 사실이라고 해두자. 우리가 예쁘지 않은 아이들을 학대할 가능성이 더 높다고 하자. 그것이 진화에 대해서 무엇을 증명할 수 있다는 말인가? 우리는 동굴인들이 아니다. 우리는 아름다워지라고 요구하는 문화에 사로잡혀 있는 소비자들일 뿐이다. 우리가 못생긴 우리의 아이들을 TV에 나오는 귀여운 아이들만큼 좋아하지 않는다고 한다면, 그것이 아름다움에 대한 본능이 우리의 뇌 속에 심어져 있는 증거일까? 아름다움은 좋고 추함은 나쁘다고 믿도록 우리가 사회화되었다는 증거는 아닐까?

에트코프 박사 외에도 수많은 다른 전문가들이 우리에게 이런 이야기를 한다. 우리가 유전자 풀의 일부가 되고자 한다면, '추하게' 사는 것은 더 이상 적절한 선택이 아니라는 것이다. 고든 패처(Gordon Patzer)도 《육체적 매력의 힘과 패러독스》에서 아름다움에 대한 보편적인 본성에 대해 에트코프와 유사한 주장을 펴고 있다.

"육체적 매력은 (…) 시간과 지리와 문화를 초월한다."

그리고 《외모 : 당신이 생각했던 것보다 훨씬 더 중요한 이유》에서 패처 박사는 아래와 같은 증거들을 마구 휘둘러댄다.

아름다움에 매력이 있다면, 즉 건강하고 젊은 외모가 매력적이라면, 그것은 번식 능력을 표시하고 있기 때문이다. 남자가 자기보다 젊은 여자에게 끌리는 것은 그 젊음이 번식의 잠재력을 드러내고 있기 때문이다. 여자가 자기보다 약간 나이 많은 남자에게 끌리는 것은 나이 든 남자가 그녀의 자식들에게 제공할 자원을 더 많이 가지고 있으리라는 추정에 근거한다. 자식들이 스스로 번식할 수 있을 때까지 오래 살아남을 가능성을 높여주고자 하는 것이다.

이러한 '진화생물학'은 문화와 경제를 간과하는 면이 있다. 게다가 그것은 진화의 실제 기록 또한 상당수 간과하고 있다. (인류는 항상 일부일처의 짝짓기로 살아오지는 않았다. 남자는 모두 훌륭한 사냥꾼이며, 여자는 모두 동굴에 남아 아이들을 길렀다는 식은 아니었다.)

그런데도 이런 주장들이 과학적 증거라며 우리에게 퍼부어지고 있다. 이런 식의 과학에 따르자면 여자는 영원한 젊음을, 남자는 강인함을 추구하는 길 외에 아무런 선택도 없는 듯 보인다.

이러한 주장을 펼치고 있는 사람은 과학자들뿐만이 아니다. 언론도 종종 나쁜 과학의 결과물들을 어설프게 소화된 단편적 지식으로 바꾸어 선정적으로 전달하고 있다. 이는 원전의 지식보다 더 나쁘다. 일례로 여성들이 매력적인 아기들을 더 선호한다고 하는 한 연구를 보자.

에트코프의 두 동료인 매클린 병원의 리나 야마모토(Rinah Yamamoto)와 이고르 엘먼(Igor Elman)이 수행한 이 연구는 '작은 숫자의 표본을 가지고 큰 그림을 그려낸' 전형적인 사례에 속한다. 연구는 여성 13명과 남성 14명, 불과 27명의 자원자들을 대상으로 이루어졌다. 실험 대상자들에게 '아름다운' 아기와 '못생긴' 아기들의 사진을 보여주었더니, 여성들이 '아름다운' 이미지들에서보다 '못생긴' 것들에서 더 빨리 눈을 돌렸다고 한다. 연구는 여성 대상자들이 '못생긴' 아기들(언청이나 다운증후군, 또는 치명적인 알코올 증후군을 가진 아기들이었다.)을 무의식적으로 기피하는 것은 '한정된 자원을 건강한 자손의 양육에 돌리려는, 진화적으로 파생된 필요를 반영하는 것일 수 있다.'고 결론지었다.

(아마도 하버드 의대의 학생이었을) 13명의 젊은 여성으로부터 모든 시기의 모든 여성들로 결론을 이끌어간 것은 대단한 비약이다. 그러나 모든 여성들이 그런 사진들에서 눈을 돌릴 가능성이 높다고 해두자. 우리는 그런 반응을 이끌어내는 것이 진화임을, 21세기 미국의 시각문화가 아님을, 어떻게 알 수 있는가? 그런 결론을 내리기 위해서는 그 여성들과 후기 소비자본주의의 바깥에 있는 여성들을 서로 비교해 보아야 하지 않을까? 실험 대상 여성들이 장애를 가지고 태어난 아기들에 대해 단지 애처롭고 불편한 느낌 때문에 눈을 돌렸을 가능성은 없을까? 그 여성들의 감정이 혐오가 아니라 공감이었다면?

하지만 이런 질문들은 크게 신경 쓸 필요가 없는 모양이다. 언론은 이러한 발견에 근거하여 '엄마들은 못생긴 자식을 싫어한다.'고 신이 나서 발표했으니 말이다. 《타임》지의 제프리 클루거(Jeffrey Kluger)는 이렇게 썼다.

"당신에 대한 어머니의 감정은 당신이 늘 생각해왔던 대로 무조건적 사랑이 아닐 수도 있음이 과학적으로 밝혀졌다. 연구자들에 따르면, 당신이 태어날 때 더 예뻤더라면 어머니가 당신을 더 사랑했을지 모른다."

《아마추어 사이언티스트》는 그 연구를 이런 식으로 해석했다.

"여성들은 못생긴 아기를 싫어한다. (…) 못생긴 사람을 보고 '엄마라야만 사랑할 수 있는 얼굴'이라고 하는 표현조차 거짓임이 최종적으로 증명되었다."

우리의 아름다움 집착증에 불을 지르고 있는 것은 나쁜 과학을 보도하는 언론뿐만이 아니다. 우리가 보는 모든 곳에 그것이 있다. 미용수술을 불가피하게 만드는 단일한, 실현 불가능한 미의 기준이 그것이다. 심지어 미국적 정신의 완벽한 상징인 호머 심슨(Homer Simpson)*조차 미용수술을 원하도록 우리를 가르친다. 〈남편들과 칼들〉이란 제목의 에피소드에서 호머는 그즈음 잘나가고 있는 자신의 아내 마지와 보조를 맞추기가 힘들

* 유명한 TV 애니메이션 〈심슨 가족(The Simpsons)〉의 아버지 캐릭터 – 옮긴이

어졌다는 것을 느낀다. 그래서 호머는 여러 가지 수술들(위장 절제, 지방흡입, 전신 주름 제거, 그리고 모발 이식 등)을 받는다. 에피소드의 마지막에 호머가 다시 원래의 평범한 모습으로 되돌아오자 딸인 리사가 말한다.

"뭔가를 좀 배웠길 바래요."

호머가 대답한다.

"확실히 배운 게 있지. 성형수술은 실수였어. 우리를 진짜로 멋있게 보이게 하기엔 수술이 아직 완벽하지 않거든. 그게 완벽해지면, 모든 사람은 그걸 받아야만 해!"

이 말에 대해 아들 바트가 덧붙인다.

"아멘!"

우리는 플라스틱으로 간다
/

모든 사람이 미용수술을 받고 있거나, 또는 언젠가는 그럴 것으로

보이는 것은 사실이다. 근자에 부다페스트에서 열린 미인대회 '미스 플라스틱 헝가리 2009'는 여성들끼리의 경연만이 아니었다. 참가자들을 빚어 창조해낸 성형외과 의사들의 경연장이기도 했다. 미의 여왕들조차 자신들의 외모를 '개선'시키지 않으면 안 되는 현실이다.

어느 성형수술 컨퍼런스에서 나는 '뷰티 포 라이프(Beauty for Life)'라는 회사를 소개받은 적이 있다. 청소년기부터 시작하여 생애 전 과정에 걸친 미용수술을 판촉하는 회사다. 회사의 웹사이트를 보면 이렇게 나온다.

> 성형수술은 코 모양을 만들고, 귀를 바로잡고, 가슴의 균형을 잡아주어 청소년들이 학교와 스포츠와 사교와 취미에 전념할 수 있도록 도와줍니다. 이러한 시술들은 인성 발달에서 중요한 시기인 청소년기에 자신감을 북돋우는 데 도움이 됩니다.
> 청소년의 건강 습관(균형 잡힌 식단, 충분한 운동, 자외선 차단제 사용, 그리고 금연 등)과 더불어 미용시술들은 많은 청소년들로 하여금 자신들의 피부에 대해 보다 편안함과 자신감을 느끼도록 도와줍니다.

이제 건강한 10대 청소년들을 교육시키려면 성형수술을 받도록 권장할 줄도 알아야 한다는 말이다. 나는 취재수첩에 이렇게 썼다.

"그 다음엔 또 뭘까? 아기들을 위한 성형수술?"

호머 심슨의 착각

나는 감히 호머 심슨이 틀렸다고 말하려고 한다. 우리에게는 약간의 선택이 더 남아있기 때문이다. 우리는 실제로 정부의 중재를 요구할 수 있다. 심지어 저항할 수도 있다. 우리는 '멋지게' 보인다는 말의 정의를 바꿀 수도 있다. 아름다움이란 우리 뇌에 심어져 있음을 인류 역사가 보여준다면, 또한 '아름다움이 무엇인지 규정하는 것' 또한 문화라는 사실을 역사는 같이 보여준다. 다른 시대와 다른 장소를 대충만 훑어봐도 알 수 있다. 여러분이 나를 믿지 못하겠다면《내셔널 지오그래픽》이나 패션의 역사에 관한 책을 펼쳐보시라. 또는 우리 주변을 둘러보시라.

도시의 아름다움은 시골의 그것과 다르지 않은가? 청소년들에게 아름다운 것과 50대에게 아름다운 것을 비교해보면? 아름다움에 대한 계층별 인식의 차이는 또 어떨까? 노동자계층에게 섹시하다고 여겨지는 것이 부유한 바람둥이들의 그것과 과연 똑같을까? 미에 대한 민족별 차이는 어떤가? 프랑스의 미인이 아메리카의 미인과는 다르지 않을까? 그리고 성적 정체성은 어떤가? 게이 바에 모인 사람들은 일반 바에 가는 사람들과 다른 모습이지 않은가? 아름다움이 무엇이든 간에, 그것이 한 가지 형태가 아님은 거의 확실하다. 우리는 아름다움이 보편적이라고 주장하는 과학과 싸우어 한다. 우리 모두가 똑같은 모습이 되기 위해 애써야 한다고 말하는 대중문화에 저항해야 한다.

우리는 은행과 의학을 규제하는 제도적 장치들을 만들어야 한다.

영국과 프랑스에서는, 단지 미용수술에 대한 규제 강화뿐만 아니라 미용수술에 대한 어떠한 광고도 전면 금지해야 한다는 요구가 나오고 있다.

규제에 더하여, 우리는 일부 회사들에 보상을 해줄 수도 있다. 우리에게 '보편적'이고 실현 불가능한 미의 기준을 팔지 않는 회사들이다. 도브(Dove)의 '진정한 미' 캠페인은 기업들이 어떻게 다르게 행동할 수 있는지를 보여주는 좋은 사례다. 도브는 다양한 체형과 사이즈의 여성들을 모델로 기용하고, 각종 화장과 조명과 사진의 에어브러시 처리를 통해 이 모델들이 어떻게 미녀로 변신하는지를 보여주는 광고를 만들었다. 이로써 아름다운 육체가 자연에서는 더 이상 존재할 수 없다는 주장을 해체시키는 데 일조한다.

2004년 '진정한 미' 캠페인을 시작했을 당시, 여성들의 약 4분의 3이 '보다 현실적인 여성의 이미지를 광고에 사용해주기를' 원하는 것으로 조사됐다. 2009년에는 거의 100%의 여성들이 광고의 '여성 모델은 현실적이어야 한다.'고 응답했다. 에어브러시 처리를 하지 말고, 다양한 체형과 사이즈의 모델들을 광고에 기용해야 한다는 것이다.

다른 모든 회사들과 마찬가지로 도브 역시 이윤을 위해서 우리에게 무언가를 팔려고 한다. 그리고 비누와 크림이 절대적으로 필요한 사람은 아무도 없다. 그러나 (현재는 대다수의 우리가 그렇게 되어 버렸지만) 이왕 그런 것들을 사려면, 적어도 특정한 어떤 회사들을 선택하지 않을 수는 있다. 제품을 팔기 위해 '완벽한' 모델들을 기용함으로써 불안의 공포를 조장하는 회사들이다. (그 모델들의 완벽함이란 에어브러시 처리나 수술을 통한 보정이 아니고서는 얻어지지 않는다.)

무엇보다 우리는 수술이나 빚을 요구하지 않는 대안적인 미의 문화를 만들어야 한다. 문화란 개인적인 과제가 아니다. 우리는 다른 사람들과 함께 문화를 만들어 나가야 한다. 상업적인 미의 문화에 대한 대안을 만들기 위한 이런 시도 중 하나가 인터내셔널 벌버 니팅 서클(International Vulva Knitting Circle)이다. 질 성형수술에 대한 사회적 압력에 저항하기 위해 만들어진 이 모임의 창립자들에 따르면, "질 성형수술을 권장하고 수행하는 성형수술 전문의들은 질에 대한 뿌리 깊은 혐오와 수치의 문화에 젖어 있다." 모임의 멤버인 레이철 리버트(Rachel Liebert)와 태시 웡(Tash Wong)은 '질'이 우리 문화에서 항상 숨겨져 있다고 지적한다. 유방이나 얼굴과는 달리, 질은 우리가 길거리를 걸어 다닐 때 보이지 않는다. 탈의실에서도 우리는 그것을 보지 않는다. 우리가 그것을 접하는 경우는 포르노를 보거나 아니면 '저 아래에 뭔가 문제가 있다.'고 말하는 광고를 통해서일 뿐이다. 벌버 니팅 서클은 사람들(대다수가 여성)을 초대해서 일상의 활동인 뜨개질을 하면서 질에 대해 이야기를 나누도록 유도한다. 리버트는 이렇게 설명한다.

"그것은 우리의 몸이고 매일 매일의 생활입니다. 우리는 아침에 일어나서 어떤 일을 하고 어떤 일을 하지 않을지 결정하지요. 이제 우리는 일어나서 서로 이야기를 나눕니다."

물론 우리들 중에 뜨개질 서클에 가입하려는 사람은 많지 않을 것이다. 다른 이유는 다 제쳐두고라도, 우리들 중 뜨개질을 할 줄 아는 사람이 별로 없으니까. 그러나 의사가 우리의 육체에 뭔가 문제가 있으며 그 문제는 반드시 고쳐야 한다고 말할 때마다, 매번 파블로프의 개처럼 반응하고 있을 수는 없다. 그럴 필요가 없음을 깨닫는 다른 방법들도 있다.

예를 들면 '어떤 비용을 들여서라도 완벽한 아름다움을 얻겠다.'는 우리의 맹목적인 추구에서 벗어나기 위해 우리 스스로 '현실 확인' 모임들을 만들 수 있다. 나부터 당장 그런 모임을 하나 만들 생각이다. 이 책을 쓰는 지금의 나는 45세가 되었다. 대다수의 미국인들과 마찬가지로 내 직업도 안정성과는 거리가 멀다. 내가 더 젊고 덜 '지쳐' 보인다면, 내 일을 유지하거나 새 직업을 얻을 가능성이 커질 수 있으리라. 그래서 미용시술에 5,000달러를 지출한다 치면, 올해에는 아이들과의 휴가는커녕 옷도 한 벌 사지 못한다는 계산이 나온다.

그러나 진실은 다른 데 있다. 내가 좀 더 노력한다면 '더 잘 팔리는' 사람이 될 수 있다는 것 말이다. 나는 나의 현실 확인 모임이 나더러 '미용시술을 받지 말라.'고 말해주기를 바라고 있다. 나이에 맞서 싸우는 것은 승산이 없는 전투이며, 그것은 나쁜 생각에 좋은 돈을 던져 넣는 짓이라고. 그러나 만약 모임 사람들이 나의 수술을 승인해준다면 나는 기꺼이 팔자주름 제거를 위해 필러 주사를 맞아볼 생각이다.

만약 여러분이 안면 주름 제거를 받고 싶다는 욕구를 가지고 현실 확인 모임에 참석했다고 해보자. 그러면 수술에 들어가는 금전상의 리스크나 건강상의 리스크들을 모두 따져본 다음에 어떤 식으로든 결정을 내리게 된다. 그렇게 한다면 여러분은 혼자 집에 앉아 TV의 성형수술 쇼를 보면서 내리는 결정보다는 훨씬 더 많은 정보를 가진, 더 현실적인 선택을 하게 될 것이다. 이런 저런 청구서들을 지불하느라 끙끙대다가, 외모가 좀 더 나아진다면 직위가 갑자기 치솟아 더 많은 돈을 벌거나 마침내 백마 탄 왕자가 나타나서 당신을 말 위로 끌어올리리라는 환상에 빠지지는 않게 될 것이다.

현실 확인 모임은 또 젊은 여성들로 하여금 미용수술을 위한 고이율의 금약과 그에 따른 기회비용들을 저울질해 볼 수 있게 돕는다. 교육, 여행, 또는 임대료 지불 등 수술로 잃어버릴 기회비용은 여러 가지가 있을 수 있다. 파멜라 앤더슨 같은 가슴을 갖는다고 해서 여러분이 '생존하는 가장 섹시한 여자.'가 되지는 않는다. 애슐리 티스데일(Ashley Tisdale)처럼 코 수술을 한다고 해서 여러분이 디즈니의 스타가 되지는 않는다.

우리는 또한 문화를 비판적으로 읽어야 한다. 전해지는 문화적 각본들을 단순히 '상식'이라고 여기고 진실로 받아들여서는 안 된다.

"아, 이 광고는 보톡스를 '표현의 자유'라고 말하는구나. 하지만 실제로 보톡스는 인간의 표정을 마비시키는 약물이잖아? 이 얼마나 냉소적인 표현인가. 나는 그 말에 넘어가지 않겠어!"

또는 이렇게 생각할 수도 있다.

"미국 뉴스 캐스터들은 왜 영국의 캐스터들과 그렇게나 다르게 생겼지? 음, 작업을 좀 받았나?"

플라스틱 공화국에서 살아남기

우리는 경제 개혁 또한 요구해야 한다. 이를 위해 우리의 현실 확인 모임을 더 큰 역할의 모임으로 확대할 수도 있다. 그러기 위해서는 우선 우리를 이토록 불안정하게 만든 구조적 조건들에 대해 먼저 생각해보아야 한다. 그리고 거기에 대해서 뭔가를 하면 된다.

미용수술 산업에 규제가 가해지도록 우리는 힘을 모아야 한다. 이 모든 것 뒤에 숨어 있는 돈과 권력도 더 이상 간과하지 말아야 한다. 규제 없는 은행은 더 이상 안 된다. 고이율의 학자금 대출은 더 이상 안 된다. 서브프라임 모기지건, 고이율의 학자금 대출이건, 신용카드로 지불하는 유방 성형이건, 더 나은 미래라는 꿈을 위해 부채를 안는 일은 더 이상 있어서는 안 된다.

우리는 경제와 정치의 근본적인 개혁을 요구해야 한다. 더 이상 우리의 머리를 모래 속에 처박거나 또는 욕실에 쌓아둔 미용 잡지더미 속에 파묻지 말아야 한다. 경제와 국가는 우리가 거울 속에서 보고 있는 모습과 결코 별개가 아니다.

우리는 우리 자신의 미래에 대해 현실적이어야 한다. 주름 제거 수술이나 유방 성형이 우리의 경제와 사회의 구조를 바꾸지는 못한다. 대다수 미국인들의 계층 이동성 하락, 똑같은 일인데도 여성을 차별하는 불평등한 임금, 가난한 노동자계층의 미국인들에 대한 기회의 결여 등을 개인적인 소비 행태만 가지고 해결할 수는 없다. 구조적 문제에는 구조적 해법이 필요하다. 유방 성형과 지방흡입은 경제와 사회의 정의를 절대 가져다주지 않는다.

우리는 플라스틱의 제국이 된 나라와 아메리칸 드림의 치매 증상에 대처하기 위해 현실 확인 모임에 함께 참여해야 한다. 언제까지나 플라스틱 머니로 소비를 계속할 수는 없다. 실현 불가능한 완벽 프로젝트에, 특히 완벽한 육체를 위해 우리의 모든 시간과 자원을 소비할 수는 없다. 경제 붕괴와 상상치 못했던 규모의 환경적 재앙이라는 두 차례의 전쟁이 국가 자원의 대부분을 갉아먹고 있는 상황에서, 이제는 아메리칸 드림에도 현실을 도입할 때가 되었다.

우리의 대다수가 점점 나빠지고 있건만 제각각 미래의 성공만을 계속 꿈꾸는 것은 어리석은 일이다. 국가의 부가 최고 부유층으로 이동하고 있는 상황에서 '무조건 해내자!'는 성공할 가능성이 매우 낮을 뿐만 아니라 비윤리적인 구호다. 우리는 '무조건 해내자!'의 의미를, 이 현실의 세계에서 '어떤 일을 반드시 하자.'는 뜻으로 바꾸어야 한다. 빚 없이도 좋은 교육을 받을 수 있는 기회 등 모든 사람들에게 적절한 기회가 주어지는 세계, 주거와 식량과 보건 같은 근본적 수요를 더욱 많이 충족시켜주는 세계를 만들어야 한다.

《긍정의 배신 : 긍정적 사고는 어떻게 우리의 발등을 찍는가》에서 바버라 에런라이크 역시 아메리칸 드림의 대안으로 현실을 제시했다. 에런라이크는 '내가 무언가를 한다면, 언젠가 나는 해낼 수 있을 거야.'라는 긍정적 사고만을 고집하거나, 우울한 부정적 사고에 빠져서는 안 된다고 지적한다. 대신에 우리는 자신만의 내면에서 빠져나와 현실을 '있는 그대로' 보려고 노력해야 한다고 제안한다. "자신의 감정과 환상에 의한 편견을 가능한 한 걷어내고, 이 세계가 위험과 기회의 양면성으로 가득 차 있음을, 즉 커다란 행복의 기회와 동시에 죽음의 확실성이 공존하고 있음을 깨달아야 한다."는 것이다.

그러나 미국인들은 현실로부터 너무나 괴리되어 있다. 이제는 죽음의 확실성마저 믿지 않게 되었다. 발명가이자 첨단기술 전도사인 레이 커즈와일(Ray Kurzweil)은 향후 10년 이내에 인류가 거의 불사의 능력을 가지게 되리라는 예측을 내놓았다. 적어도 인간/컴퓨터 복합체는 그리 되리라고 예언했다. 그는 정신 나간 사람이 아니다. 그는 첨단기술에, 특히 로봇공학과 나노기술에 지나치게 정통할 뿐이다.

커즈와일에 따르면, 현재 서른 살 이하의 사람들은 앞으로 원하는 만큼 오래 살게 되리라고 한다. 그러나 비상한 컴퓨터 괴짜로 통하는 빌 제이(Bill Jay)는 〈왜 미래는 우리를 필요로 하지 않는가?〉라는 논문에서, '단지 그런 기술이 있다고 해서 우리가 반드시 그것을 추구해야 한다는 뜻은 아니다.'라고 지적했다.

우리는 영원히 살아야 하는 것도 아니고, 영원히 젊게 보여야 할 필요도 없다. 이는 '아름다움'을 포기하라는 말이 아니다. 인간은 서로간의 상호작용을 통해 현실을 만들어낸다. 우리는 자신을 우리의 동료들과 비교한다. 우리는 사회학자 어빙 고프먼(Erving Goffman)이 '상황 정의(definition of the situation)'라고 불렀던 감각을 함께 어울리는 사람들로부터 얻는다. 따라서 만약 여러분의 동료가 TV나 컴퓨터 스크린에 비친 환영일 뿐이라면, 여러분의 현실 감각은 그다지 좋지 않을 것이다. 여러분이 실제 인간들과 함께 앉아있기를 빈다.

뜨개질 서클에 가입하든 질 성형을 받든, 그것은 전적으로 여러분의 결정이다. 그러나 어디까지나 실제 인간과 실제 사실을 통해 판단해야 한다. 실제 비용은 얼마나 들고 실제 미래는 어떨지를 따져

봐야 한다. 그렇게 해야만, 오직 그렇게 한 뒤에만, 우리는 우리 자신과 우리의 나라를 다시 만들 수 있다.

무한한 기회가 열린 완벽한 꿈의 전경이 아니라, 모든 국민에게 기회가 골고루 배분되는 나라, 개개인 모두의 삶이 완벽하지는 않지만 충분히 좋은 국가를 만들어야 한다. 우리가 완벽에의 추구를 멈출 때, 그리고 모든 사람들에게 충분히 좋은 그런 사회를 요구할 때, 우리가 사는 나라는 플라스틱의 제국이 아니라 사람 사는 실제 세계로서의 국가가 될 수 있다.

유혹하는 플라스틱

신용카드와 성형수술의 달콤한 거짓말

초판 1쇄 인쇄 2014년 2월 20일
초판 1쇄 발행 2014년 2월 25일

지은이 로리 에시그(Laurie Essig)
옮긴이 이재영

펴낸이 김환기
펴낸곳 이른아침

주소   서울시 마포구 마포동 324-3번지 경인빌딩 3층
전화   02-3143-7995
팩스   02-3143-7996
등록   제 395-2009-000037호
이메일 booksorie@naver.com

ISBN   978-89-6745-027-4 03330